Bettina Pabst

Kürbis für die Schönheit

Der Rest kommt auf den Teller

Entdecken Sie mehr mit der

FREYA-BÜCHER-APP!

INTERAKTIVES LESEVERGNÜGEN MIT DER FREYA-BÜCHER-APP!

Ab sofort können Sie unsere Bücher mit der kostenlosen App interaktiv entdecken. Videos, Zusatzinhalte und mehr Informationen aus den Freya Büchern steigern Ihr Lesevergnügen und bieten Ihnen faszinierende Einblicke.

So einfach geht's:

1. Laden Sie die kostenlose Freya-Bücher-App im Google Play Store oder im Apple App Store auf Ihr Smartphone oder Ihr Tablet.
2. Wählen Sie Ihr Buch aus der Liste in der Freya-Bücher-App aus und drücken Sie auf *Bild scannen*. Automatisch wird Ihre Kamera aktiviert.
3. Halten Sie Ihr Smartphone oder Ihr Tablet jeweils über die Bilder in Ihrem Buch, die mit einem kleinen Handysymbol versehen sind.
4. Dann öffnen sich die zusätzlichen interaktiven Elemente von selbst. Schon haben Sie Zugang zu weiteren Informationen und Videos aus dem Buch.

Bilder mit diesem Symbol scannen

Hinweise:

Sollten die Bilder von der App nicht erkannt werden, stellen Sie bitte sicher, dass das Buch ausreichend beleuchtet ist, und verringern Sie gegebenenfalls den Abstand zur Kamera. Ihr elektronisches Gerät muss mit dem Internet verbunden sein.

READ GLOBAL BUY LOCAL

MIX Papier | Fördert gute Waldnutzung FSC® C118234

ISBN 978-3-99025-454-7

Layout: freya_art, Regina Raml-Moldovan
Lektorat: Dorothea Forster
Fotos: Christian und Bettina Pabst, weitere siehe Seite 112

printed by GPS-Group

Anmerkung: Alle in diesem Text enthaltenen Anregungen, Beschreibungen, Tipps und Rezepte wurden mit großer Sorgfalt zusammengestellt und getestet. Dennoch kann aufgrund unterschiedlicher Rohstoffe, Ausgangsbedingungen und individueller Fähigkeiten nicht garantiert werden, dass die Informationen auf Ihre Situation zutreffen. Daher kann keinerlei Haftung für etwaige Verletzungen, Verluste oder andere Schäden übernommen werden, die aus der Verwendung der in diesem Text angebotenen Informationen resultieren.

Kürbis macht glücklich

Zuallererst möchte ich mich outen: Ich schnüffle Kürbisse.

Bereits der Anblick von Kürbissen auf dem Feld oder im Garten stimmt mich fröhlich. Und wenn ich dann so ein wundervolles Exemplar in die Küche trage und in 2 Hälften teile und sich der typische süßlich-würzige Duft breitmacht, dann ist es ganz um mich geschehen. Dieser Geruch wirkt auf mich betörend, ich werde irgendwie high davon. Da dieses Duftaroma sehr zart ist, muss ich schnüffeln, um mehr davon zu erhaschen. Es ist wissenschaftlich bewiesen, dass bestimmte Gerüche über das limbische System in unserem Gehirn immer bestimmte Gefühle hervorrufen, und ganz automatisch wecken sie in uns Erinnerungen, die mit diesem Geruch verknüpft sind. Diese Wirkungsweise macht sich auch die Aromatherapie zunutze. So werden bei mir mit dem Duft von Kürbissen Erinnerungen an meine Kindheit wach: Ich sehe meine Großmutter vor mir, wie sie an kalten, nebeligen Herbsttagen im Hof unseres Bauernhofes inmitten von Bergen von Kürbissen sitzt und einen um den anderen Kürbis *ausbatzlt* (steirisches Wort für: Herauslösen der Kerne aus der Frucht).

Abgesehen von diesen Assoziationen an meine Kindheit faszinieren mich Kürbisse auf Grund ihrer Formen- und Farbvielfalt. Sie inspirieren mich zu immer neuen Verwendungsmöglichkeiten. Viele davon möchte ich in diesem Buch mit dir teilen.

Einleitung

Seit ich mich mit der Grünen Kosmetik beschäftige, experimentiere ich mit den unterschiedlichsten Pflanzen aus Wald und Wiese und natürlich auch aus dem Garten mit Begeisterung.

Eine meiner **Lieblingspflanzen** in meinem Garten ist der Kürbis in all seinen Varietäten, und so habe ich beschlossen, ihn unter den Gesichtspunkten der Grünen Kosmetik genauer zu betrachten und zu unterschiedlichsten Pflegeprodukten zu verarbeiten, was sich auch auf Grund seines hohen Gehalts an Beta-Carotin besonders anbietet.

Da mir der **Zero-Waste-Gedanke** sehr wichtig ist, habe ich die bei der Herstellung von Grüner Kosmetik anfallenden Reste mittels kreativer Kochrezepte verarbeitet, um sie genüsslich zu verspeisen. Und so kam mir die Idee zu diesem speziellen Buch.

Es ist ein Kürbisbuch der besonderen Art: Es besteht aus Rezeptpärchen mit jeweils einem Rezept für Nahrung von außen und einem Rezept für die Nahrung von innen. Ich möchte dich so dazu anregen, unter der Devise *All-in-one* und *Nichts-Verschwenden* in der eigenen Küche die Nahrung von innen und von außen gemeinsam herzustellen.

Viel Freude mit meinen Rezepten!

Was ist Grüne Kosmetik

Immer mehr Menschen legen Wert auf gesunde, frische, biologische und regionale Lebensmittel. Sie wollen wissen, was drinsteckt und wo die Rohstoffe herkommen, und sie nehmen auch die Zubereitung der Speisen wieder mehr und mehr selbst in die Hand, weil sie dann wissen, was diese enthalten, und weil sie natürlich auch besser schmecken.

Dieses Bewusstsein für unsere Ernährung, unsere Nahrung von innen, lässt sich auch auf unsere Nahrung von außen, also unsere Körperpflege, übertragen. Bis vor ca. 100 Jahren war es ganz normal, dass Nahrungsmittel zur Hautpflege und für Heilanwendungen genutzt wurden. Doch dann wurde die Kosmetik industrialisiert. Synthetische Kosmetik löste altes Wissen ab.

Das große Bedürfnis vieler Menschen nach *Zurück zur Natur* weckt großes Interesse, auch die Körperpflege von außen selbst in die Hand zu nehmen.

Grüne Kosmetik macht genau das möglich: Jeder kann sich in seiner eigenen Küche aus Zutaten aus dem Garten, Pflanzen aus Wald und Wiese, Gemüse und Obst vom Bauernmarkt oder einfach aus dem Kühl- oder Vorratsschrank selbst etwas rühren. Grüne Kosmetik ist somit naturbelassen, regional, saisonal, umweltbewusst, gesund und frisch. Sie enthält keine bedenklichen Zusatzstoffe, aber viele Wirkstoffe. Was mich von innen pflegt, pflegt mich auch von außen, ist die Devise.

Tu deinem Leib etwas Gutes,
damit deine Seele Lust hat,
darin zu wohnen.

Teresa von Avila

Zutaten, die du in der Natur, im Garten oder in deiner Küche findest

- Kürbisse
- Obst und Wildfrüchte: z. B. Äpfel, Orangen, Zitronen, Vogelbeeren
- Milchprodukte: Butter, Topfen, Joghurt
- Kräuter und Gewürze: Basilikum, Thymian, Minze, Rosmarin, Vanille, Ingwer
- Blüten: Lavendel, Ringelblumen, Kamille
- Getreide und Samen: Haferflocken, Mohnsamen, Kürbiskerne
- Essig: Apfelessig
- Eier
- Honig

Weitere Zutaten für die Herstellung selbst gerührter Körperpflege

Wasser

Für das Rühren von selbst gemachter Kosmetik ist es wichtig, dass das verwendete Wasser nicht zu hart ist, was bedeutet, der Kalkgehalt sollte möglichst gering sein. Also sind destilliertes Wasser, aber auch frisches Quellwasser, sauberes Regenwasser oder stille Mineralwässer dafür geeignet.

Hydrolate

Hydrolate, auch Planzenwässer, sind ein Nebenprodukt bei der Gewinnung von ätherischen Ölen. Bei der Wasserdampfdestillation werden nicht nur ätherische Öle aus den Pflanzenteilen gelöst, sondern auch weitere wertvolle Pfanzenstoffe, welche sich nach der Kondensation in der wässrigen Phase, dem Hydrolat, wiederfinden. Wer, so wie ich, eine Destille sein Eigen nennt, wird mit etwas Experimentierfreude in den Rezepturen die wässrigen Anteile durch ein Hydrolat ersetzen. Diese Pflanzenwässer gibt es in Apotheken oder Spezialgeschäften zu kaufen.

Ätherische Öle

Naturreine ätherische Öle sind flüchtige, hochkonzentrierte Pflanzenextrakte, die mittels Destillation aus entsprechendem Pflanzenmaterial gewonnen werden. Sie stellen eine ideale Zutat für selbst gerührte Pflegeprodukte dar, einerseits wegen ihres Duftes samt spezifischer Wirkung, und andererseits, weil sie antibakteriell, antiviral und antifungal wirken und somit die Haltbarkeit der Produkte positiv beeinflussen. Allerdings ist zuvor die Verträglichkeit zu überprüfen, da diese hochkonzentrierten Pflanzenextrakte bei empfindlichen Personen Hautirritationen hervorrufen können.

Alkohol

Für das Ansetzen von Tinkturen für diverse Rezepte wird meist Alkohol in Form von Korn oder Wodka verwendet. Außerdem dient in der Salbenküche Alkohol zum Reinigen und Desinfizieren der Utensilien und Gefäße. Dies kann auch mit hochprozentigem Bio-Weingeist erfolgen.

Pflanzenöle und Pflanzenfette

Distelöl zieht schnell ein und wirkt mattierend. Es ist leicht entzündungshemmend und antioxidativ.

Kakaobutter zieht langsam, aber tief in die Haut ein. Sie wirkt stark rückfettend und hilft der Haut sich zu regenerieren.

Kernöl: Das Kürbiskernöl, gewonnen aus den Samen des Steirischen Ölkürbisses (siehe Seite 22) ist durch den hohen Gehalt an Chlorophyll und Carotin dunkelgrün gefärbt. Deshalb sollte es nicht pur für die Hautpflege eingesetzt werden. Kürbiskernöl darf nicht erhitzt werden und wird den Rezepturen immer erst am Ende beigemengt. Es macht die Haut geschmeidig, schützt vor Austrocknung und wirkt Faltenbildung entgegen.

Kokosfett zieht besonders gut und schnell ein, jedoch nur in die oberen Hautschichten. Es erzeugt ein samtiges Hautgefühl und wird als kühlend empfunden. Es übt eine hemmende Wirkung auf das Wachstum von Bakterien, Viren und auch Pilzen aus.

Mandelöl zieht sehr tief in die Haut ein und ist besonders gut verträglich, also auch bei empfindlicher Haut bestens geeignet. Es wirkt reizlindernd und feuchtigkeitsspendend.

Olivenöl zieht langsam in die Haut ein und wirkt hautberuhigend, entzündungshemmend und schmerzstillend. Es macht trockene Haut elastischer, wirkt regenerierend und unterstützt das Bindegewebe.

Sheabutter zieht langsam, dafür aber besonders tief in die Haut ein. Sie glättet und beruhigt trockene, verhornte und rissige Haut. Sie spendet Feuchtigkeit und durch den hohen Gehalt an Fettbegleitstoffen kann man sagen, dass sie ein Heilfett ist.

Sonnenblumenöl ist ein besonders mild pflegendes Öl, welches schnell einzieht und durch das enthaltene Tocopherol entzündungshemmende Eigenschaften besitzt. Sonnenblumenöl ist auch als hocherhitzbares Öl erhältlich, welches wesentlich stabiler ist, wenn es erhitzt wird, z. B. bei der Herstellung eines Warmauszugs, aber auch bei Lichtexponiertheit.

Mandeln

Shea

Sonnenblumenkerne

Oliven

Tierische Fette

wie zum Beispiel Butter finden auch Verwendung in der Grünen Kosmetik.

Bienenwachs

wird in Salben, Cremes und Lotionen als Pseudoemulgator und Konsistenzgeber verwendet. Zudem hat Bienenwachs wundheilende und entzündungshemmende Eigenschaften. Beim Kauf ist auf kontrolliert biologische Ware zu achten, da in konventionellen Produkten Antibiotikarückstände und gegebenenfalls auch Mineralölanteile enthalten sein können.

Natron

Die chemische Bezeichnung lautet Natriumbicarbonat oder Natriumhydrogencarbonat, nicht zu verwechseln mit Backpulver. Natron wirkt antibakteriell und neutralisiert schlechte Gerüche. Durch seinen basischen pH-Wert neutralisiert es zudem Säuren.

Milchpulver

ist Bestandteil von selbst gemachten Badepralinen und im Lebensmittelgeschäft erhältlich.

Xanthan

ist ein natürlich vorkommendes Polysaccharid (Vielfachzucker) und wird sowohl als Bindemittel in Nahrungsmitteln als auch als Gelbildner in Kosmetikprodukten verwendet.

Neutrale Bioflüssigseife

dient als Basisprodukt für einfache DIY-Naturkosmetikrezepte und ist in Drogeriemärkten und Reformhäusern erhältlich.

Zinkoxid und Titanoxid

sind Mineralien, die als fein vermahlenes Pulver selbst gerührten Sonnencremen als Lichtschutzfaktor zugesetzt werden. Diese mineralischen Filter schützen vor UV-A- und UV-B-Strahlung. Sie sind in Apotheken erhältlich, jedoch darf es sich keinesfalls um Partikel in Nanogröße handeln. Diese wären nämlich gesundheitsschädlich.

Zitronensäure

ist Bestandteil von selbst gemachten Badepralinen und in Drogerie- und Lebensmittelmärkten erhältlich.

Ätznatron

Natriumhydroxid (NaOH) ist ein chemischer Gefahrenstoff und findet in diesem Buch ausschließlich im Seifenrezept Verwendung. Es ist in Apotheken, Baumärkten und im Spezialfachhandel erhältlich. Außer Reichweite von Kindern aufbewahren und nur mit Schutzausrüstung und unter den Sicherheitsvorkehrungen arbeiten (siehe Seite 105)!

Wichtige Utensilien für die Herstellung der Grünen Kosmetik

Waage (1)

zum Abwiegen der genauen Mengen. In den Rezepten sind die Öle in Gramm angegeben. Das erleichtert die Zugabe zum Pflanzenmaterial. Zum Wiegen sehr kleiner Mengen finde ich eine Löffelwaage praktisch. Sie ist im Fachhandel und saisonal in Kaffeegeschäften erhältlich.

Messbecher (2)

zum Abmessen von Flüssigkeiten.

Messlöffel (3)

In den Rezepten sind die Mengen meist in EL oder TL angegeben.

Gemüsereibe (4)

zum Raspeln des Fruchtfleisches. Das kann von Hand oder mittels einer Küchenmaschine erfolgen.

Pürierstab (5)

zum Pürieren und zum Zerkleinern von Fruchtfleisch und Pflanzenmaterial. Praktisch sind auch sogenannte Blender. Diese eignen sich für rohes Fruchtfleisch, bei denen Pürierstäbe oft streiken. Für das Mixen kleiner Mengen diverser Kosmetikprodukte sind Mini-Mixer oder Milchaufschäumer hilfreich.

Mörser (6)

zum Zerkleinern von trockenem Pflanzenmaterial und Gewürzen. Wer es nicht von Hand zerkleinern möchte, verwendet eine Kaffee- oder Gewürzmühle.

Schüsseln und Kochtöpfe (7)

in verschiedenen Größen. Sie sollten idealerweise aus Email, Edelstahl oder Glas sein. Ich bevorzuge hitzebeständige Bechergläser aus Glas.

Trichter und Siebe (8)

zum Filtrieren und Abfüllen. Als Filter eignen sich sowohl Papierfilter als auch Seihtücher und besonders praktisch sind Dauerfilter aus Edelstahl. Diese sind inklusive passendem Trichter unter anderem in einem Möbelhaus erhältlich.

Glasflaschen und -tiegel in unterschiedlichen Größen (9)

zum Abfüllen der erzeugten Produkte.

Kochlöffel oder Glasstäbe (10)

zum Umrühren, vor allem bei der Herstellung der Ölauszüge.

Silikonformen in unterschiedlichen Größen (11)

zum Ausgießen diverser Pflegeprodukte, aber auch zum Tieffrieren von Püree. Für Letzteres können auch einfache Eiswürfelformen verwendet werden.

(5)
(8)
(9)
(9)
(10)
(11)
(4)
(8)
(2)

(7)
(7)
(6)
(1)
(1)
KERN
EMB 1200-1
ON
TARE
OFF
(9)
(10)
Mehl
flour
Zucker
sugar
(2)
(2)
ml 1000
(2)

Die größte Beere der Welt

Zur Familie der Kürbisgewächse, der Cucurbitaceae, gehören ca. 800 Arten, wie die uns unter dem Begriff Kürbis bekannte Art *Cucurbita*, aber auch Gurken (*Cucumis*), Melonen (*Citrullus*), Luffa-Kürbisse (*Luffa*), Kalebassen (*Lagenaria siceraria*) und viele weitere Arten.

In erster Linie werde ich mich in diesem Buch mit der Gattung der Kürbisse, der Cucurbita, beschäftigen. Ich werde aber auch einen Ausflug zu ein paar ausgewählten entfernteren Verwandten machen.

Der Kürbis ist botanisch gesehen eine Beere, weil die Samen dauerhaft frei im Fruchtfleisch liegen. Die genaue Bezeichnung ist, auf Grund der harten Schale, eigentlich *Panzerbeere*. Kürbisse sind einjährige, meist rankende Pflanzen. Sie sind einhäusig, das bedeutet, es befinden sich sowohl weibliche als auch männliche Blüten auf ein und derselben Pflanze.

Die Kürbisse stammen ursprünglich aus Mittel- und Südamerika, wo sie schon vor 10.000 Jahren kultiviert und verspeist wurden, wie Funde bewiesen haben. Anfänglich wurden vermutlich nur die öl- und eiweißreichen Kerne verzehrt, da das Fruchtfleisch bei der Urform sehr bitter und sogar giftig war. Diese Bitterstoffe, *Cucurbitacine*, wurden allmählich herausgezüchtet und somit fand auch das Kürbisfleisch Verwendung. Erst durch Christoph Kolumbus gelangten die Kürbisse im 16. Jahrhundert nach Europa.

Die drei Hauptarten, welche ich in nachfolgenden Rezepten zu Nahrung von innen und von außen verarbeiten werde, sind der Gartenkürbis (*Cucurbita pepo*), der Riesenkürbis (*Cucurbita maxima*) und der Muskatkürbis (*Cucurbita moschata*).

Eine Besonderheit unter den Kürbissen stellt der aus meiner Heimat stammende Steirische Ölkürbis (*Cucurbita pepo var. Styriaca*) dar, dem durch eine Spontanmutation im späten 19. Jahrhundert die harte Schale des Kerns abhandengekommen ist. Die Kerne sind stattdessen nur mit einem Silberhäutchen umhüllt und können nach sorgfältigem Trocknen und Rösten zu köstlichem Kürbiskernöl gepresst werden.

Was steckt drin?

Kürbisfleisch enthält nur 25 kcal pro 100 g Fruchtfleisch, ist also kalorienarm und besteht zu 95 % aus Wasser. Es ist reich an Vitaminen, wie A, B1, B2, B6, Folsäure, Vitamin C und Mineralstoffen, vor allem Kalium, Magnesium, Kalzium, Eisen, Kieselsäure und Zink. Wie durch die orangerote Farbe des Fruchtfleisches vieler Kürbisse bereits optisch zu erkennen, ist der Gehalt an Beta-Carotin sehr hoch. Carotinoide sind sekundäre Pflanzenstoffe, die als Antioxidantien gegen freie Radikale wirken. Dadurch schützen sie vor Krebs, aber auch vor Arteriosklerose, da sie erhöhte Blutfettwerte senken. Dieses sogenannte Provitamin A wird im Körper in Vitamin A umgewandelt. Es wirkt regulierend auf Wachstum und Aufbau von Haut und Schleimhäuten. Des Weiteren spielt Vitamin A eine wichtige Rolle bei der Herstellung der Sexualhormone (Testosteron, Östrogen).

Kürbisfarben haben eine stark zellschützende Wirkung. Dies trifft ganz besonders auf Zellen unserer Netzhaut zu. Vor allem Lutein und Zeaxanthin sind von großer Bedeutung für eine intakte Sehkraft, da sie als Pigmente in der Makula, dem Gelben Fleck in der Netzhaut unseres Auges, die empfindlichen Sinneszellen schützen und somit einer altersbedingten Makuladegeneration entgegenwirken oder diese zumindest aufhalten können.

Viele Inhaltsstoffe des Kürbisses haben speziell auf unsere Haut eine positive Wirkung. Die großen Mengen an Beta-Carotin, an Vitamin A und Vitamin C schützen unsere Zellen. Vitamin B3, Omega-3-Fettsäuren und Ceramide stärken die Hautbarriere und machen sie widerstandsfähiger. Außerdem enthalten Kürbisse viel Zink, einen natürlichen Wundheiler mit entzündungshemmender Wirkung.

Die Kürbissamen hingegen sind sehr kalorienreich: 500 kcal/100 g. Sie enthalten Phytohormone, vor allem Phytosterine (Sitosterin, Beta-Phytosterin). Weitere wertvolle Inhaltsstoffe sind Mineralstoffe wie Magnesium, Spurenelemente wie entzündungshemmendes Selen, antioxydative Carotinoide und bis zu 50 % fettes Öl, welches sich durch einen hohen Gehalt an mehrfach ungesättigten Fettsäuren, im Speziellen der wertvollen Linolsäure, aber auch Palmitinsäure und Stearinsäure, auszeichnet.

Des Weiteren haben Kürbiskerne einen beachtenswerten Gehalt an Spermidin. Dieser Wirkstoff steht im Fokus aktueller wissenschaftlicher Studien, weil er den Selbstreinigungsprozess in unseren Körperzellen (Autophagie) anregt und dadurch dem Alterungsprozess entgegenwirkt. Spermidin wird zwar vom Körper selbst gebildet, die körpereigene Produktion nimmt jedoch mit zunehmendem Alter immer weiter ab. Der Vorteil ist, dass dieser Wirkstoff auch über die Nahrung aufgenommen werden kann. Forschungsarbeiten, unter anderem an der Universität Graz, haben ergeben, dass spermidinreiche Ernährung nicht nur das Denkvermögen und die Gedächtnisleistung steigern, sondern unter anderem auch Atherosklerose und Diabetes entgegenwirken.

Kürbiskerne wirken keimhemmend und harntreibend und normalisieren und kräftigen dadurch die Funktion und die Muskulatur der Harnblase. Dadurch werden Beschwerden von Blasenschwäche bzw. Reizblase gelindert, sowohl bei Männern als bei Frauen. Kürbissamen sind darüber hinaus arzneilich anerkannt bei gutartiger Prostatavergröße-

rung bei Männern ab dem 50. Lebensjahr. Diese Wirkung ergibt sich daraus, dass Kürbissamen-Phytosterine chemisch mit dem Testosteron nah verwandt sind und einen hormonbremsenden Einfluss auf die Prostata aufweisen. Das durch Chlorophyll und Carotin dunkelgrün gefärbte hochwertige Kürbiskernöl des Steirischen Ölkürbisses enthält reichlich Vitamin E und Selen. Es beugt Alterserscheinungen vor, lindert Klimakteriumsbeschwerden und senkt Cholesterinspiegel und Bluthochdruck. Äußerlich angewendet schützt es die Haut vor Austrocknung und wirkt Faltenbildung entgegen.

Gartenkürbis *(Cucurbita pepo)*

Die Charakteristika der Gartenkürbisse sind der hartkantige Stiel, der im Querschnitt sternförmig ist, und tief eingeschnittene, fünflappige Blätter. Bei der Art der *Cucurbita pepo* ist eine enorme Sortenvielfalt vorhanden.

Die einzelnen Sorten unterscheiden sich vor allem im Aussehen sehr stark voneinander: von gestreift, gesprenkelt, glatt, warzig, geriffelt, rund, eichelförmig, ufo-förmig bis zu exakt in zwei Farben geteilten Früchten ist alles vorhanden.

Steirischer Ölkürbis

Dieser Gartenkürbis ist in meiner Heimat, der Steiermark, der bekannteste und wurde hier für viele Jahrzehnte ausschließlich angebaut. Die anderen Kürbissorten gesellten sich in dieser Region erst nach und nach hinzu. Der Steirische Ölkürbis ist das Original für die Gewinnung des Kürbiskernöls, des Schwarzen Goldes der Steiermark.

Vor etwa 150 Jahren ist in der Steiermark eine natürliche, besondere Mutation entstanden, die die Kernölproduktion wesentlich erleichterte, weil die Kerne statt einer dicken, harten Schale nur ein dünnes Häutchen besaßen. Seit 1870 wird diese spezielle Sorte weitergezüchtet und das Steirische Kürbiskernöl entwickelte sich vor allem in den letzten 50 Jahren zum Erfolgsschlager.

Der Ölkürbis ändert kurz vor seiner Ernte zur Ölproduktion seine Farbe von grün in herbstliches leuchtendes Gelb. Dann werden die Kerne aus den Kürbissen herausgeputzt, gewaschen, schonend getrocknet und gepresst. Dazu werden die getrockneten Samen gemahlen und mit Wasser und etwas Salz vermengt. Unter ständigem Rühren verdunstet das Wasser wieder und die Kürbismasse ist bereit zum Pressen. Das traditionelle steirische Stempelpressverfahren sorgt für die hohe Qualität des Steirischen Kürbiskernöls g.g.A. Der Vermerk g.g.A., als blau-gelbes Siegel zu erkennen, steht für geschützte geografische Angabe. Die Voraussetzungen für dieses Siegel sind, dass für das Öl nur Kerne vom Steirischen Ölkürbis und nur von regionalen Ackerflächen verwendet werden dürfen. Zudem muss das Öl auch in der Region und mittels oben erwähntem traditionellen Verfahren gepresst werden.

Die Kürbiskerne müssen nicht unbedingt zu Öl verarbeitet werden, sie sind an sich schon ein sehr gesundes und wertvolles Lebensmittel. So auch das Kürbisfruchtfleisch des Steirischen Ölkürbisses, welches jedoch nur verwendet wird, solange dieser noch jung, grün und zart ist. Im Folgenden werden Kürbisfruchtfleisch, Kürbiskerne und Kernöl sowohl für Kosmetikrezepte als auch für Kochrezepte Verwendung finden.

Zucchini

Die allseits beliebten Zucchini bereichern erst seit den 60er-Jahren, bedingt durch den Tourismus in Italien, unsere Kürbisvielfalt. Ein interessantes Detail, wie es zur Bezeichnung kommt: *Zucca* ist das italienische Wort für Kürbis, *Zucchino* ist somit ein kleiner Kürbis und die Mehrzahl davon sind eigentlich die Zucchini. Da man diesen beliebten Sommerkürbis in sehr jungem, eigentlich noch unreifem Stadium erntet, benötigt man meist mehrere Exemplare. Dadurch hat sich die Pluralform Zucchini eingebürgert, selbst wenn man nur eine Frucht benennt.

Zucchini werden, wie bereits erwähnt, unreif geerntet. Sie sind dann besonders zart und können samt Schale und Kernhaus verwendet werden.

Sweet Dumpling

Diese Sorte hat relativ kleine Früchte (120–150 g), das Fruchtfleisch ist hellockergelb, fest, süßlich und hat ein feines Maroni-Aroma. Wegen ihres dekorativen Aussehens werden diese Kürbisse gerne als Zierkürbisse verwendet, wofür sie eigentlich viel zu schade sind. Sweet Dumpling eignen sich hervorragend zum Füllen.

Acorn Table Gold

Die Früchte sind mittelgroß, eichelförmig und sowohl Schale als auch Fruchtfleisch sind in ausgereiftem Zustand orange. Dieser Kürbis wird bevorzugt unreif geerntet, dann ist er hell- bis ockergelb gefärbt und muss bald verarbeitet werden. Wenn er ganz ausgereift ist, ist er sehr lange haltbar. Das Fruchtfleisch hat ein typisches Haselnuss-Aroma.

Thelma Sanders Sweet Potato

Dieser bernsteinfarbene Kürbis gehört auch zu den Acorns (eichelförmig). Er schmeckt sehr süß, was ihm auch den Beinamen Sweet Potato eingebracht hat. Es handelt sich hier um eine alte Sorte, die von einer Frau namens Thelma Sanders gepflegt wurde.

Acorn Gills Golden Pippin

Diese Sorte gehört zu den Eichelkürbissen und hat kleine orangefarbene Früchte, die nicht nur hübsch aussehen, sondern auch gut schmecken. Auf Grund ihrer Größe eignen sie sich sehr gut für die Herstellung kleiner Mengen selbst produzierter Kosmetik.

Spaghettikürbis

Der Spaghettikürbis wiegt zwischen 1 und 2 kg. Das Fruchtfleisch ist beige und weist ein leicht nussiges Aroma auf. Dieser Kürbis hat eine Besonderheit, von welcher sich auch sein Name ableitet. Sein Fruchtfleisch ist in Spaghetti-ähnlichen Fasern rund um das Kerngehäuse angeordnet. Wenn man den Spaghettikürbis im Ganzen kocht oder im Backrohr in zwei Hälften brät, kann man danach diese Fasern herauslösen und wie Spaghetti zubereiten.

Patisson

Diese Kürbissorte hat aufgrund ihrer Form den Spitznamen Ufo-Kürbis. Die Früchte haben einen Durchmesser von 10 bis 25 cm und sind sehr unterschiedlich gefärbt, von weiß über gelb bis grün, oft zweifarbig geteilt, aber auch gestreift. Meist werden sie *unreif* geerntet, da sie in diesem Zustand am zartesten und schmackhaftesten sind.

Steirischer Ölkürbis – jung

Steirischer Ölkürbis – ausgereift

Zucchini

Acorn Table Gold

Acorn Table Gold

Acorn Table Gold

Sweet Dumpling

Sweet Dumpling

Thelma Sanders Sweet Potato

Thelma Sanders Sweet Potato

Acorn Gills Golden Pippin

Spaghettikürbis

Spaghettikürbis

Patisson

Riesenkürbis *(Cucurbita maxima)*

Die charakteristischen Merkmale dieser Art sind ein runder, weicher, hellgrün durchzogener Stiel, der bei Reife korkig und beige bzw. beige-orange wird, und meist sehr große, behaarte, leicht gerundete Blätter. Unter den Riesenkürbissen findet man die größte Farben- und Formenvielfalt und auch in der Größe wird nicht jede Sorte dem Namen gerecht, wie zum Beispiel der Hokkaido beweist.

Hokkaido

Der Hokkaidokürbis wurde in Japan gezüchtet, ist aber nur in Europa unter diesem Namen bekannt. In Japan heißt die Kürbissorte Uchiki Kuri. Dieser Kürbis wiegt zwischen einem und drei Kilogramm und ist für seine dunkelorange Schale bekannt, welche bei der Zubereitung sehr schnell weich wird. Auch das Fruchtfleisch ist intensiv orange gefärbt und hat einen nussigen Geschmack.

Ungarischer Blauer

Die Früchte dieser Sorte werden 5 bis 10 kg schwer, haben eine graublaue bis türkisfarbene glatte Schale und ein leuchtend oranges Fruchtfleisch mit leicht süßem Geschmack.

Pink Jumbo Banana

Diese Kürbissorte hat, wie der Name schon sagt, bananenförmige Früchte. Sie haben eine rosa bis hellbraune Schale und ein orangefarbenes Fruchtfleisch. Pink Jumbo Bananas schmecken nussig-süß und können samt Schale verarbeitet werden, weil diese sehr dünn ist und schnell weich wird.

North Georgia Candy Roaster

Die Früchte dieser Sorte sind ebenfalls bananenförmig und haben eine orange-rosa Schale mit einer blauen Spitze. Das Fruchtfleisch ist orange und vielseitig verwendbar, zum Backen, zum Braten, für Kuchen und natürlich für Kosmetikprodukte.

Hokkaido

Hokkaido

Ungarischer Blauer

Ungarischer Blauer

Pink Jumbo Banana

Pink Jumbo Banana

North Georgia Candy Roaster

North Georgia Candy Roaster

Marina di Chioggia

Diese besonders hübsche, italienische Sorte mit dunkelgrüner, stark verknubbelter Schale und tieforange-farbigem Fruchtfleisch hat einen besonders delikaten Geschmack von eher trockener Konsistenz. Dieses eignet sich besonders, um Püree mit der Bratvariante herzustellen, sowohl für kosmetische als auch kulinarische Verwendung.

Galeux d´Eysines

Diese dekorative Sorte ist auch unter dem Namen *Erdnusskürbis* bekannt, weil seine Schale aussieht, als würden auf seiner lachsrosa Haut lauter Erdnüsse kleben.

Das orange Fruchtfleisch ist vollmundig und süß. Dieses schmeckt auch als Rohkost äußerst delikat.

Bischofsmütze

Diese dekorative Sorte sieht aus wie ein Zierkürbis, ist aber ein Speisekürbis und hat sowohl in kulinarischer als auch in kosmetischer Hinsicht einiges zu bieten. Das gelbe Fruchtfleisch schmeckt süßlich, mit leichtem Haselnussaroma. Die tief orangefarbene Schale eignet sich perfekt für Ölauszüge, um sie in *Orange Kosmetik* mit hohem Karotin-Gehalt zu verwandeln.

Mini Red Turban

Mini Red Turban ist der kleine Bruder der Bischofsmütze. Er bringt gerade mal 0,3 bis 0,6 kg auf die Waage und ist somit sicher der kleinste unter den Riesenkürbissen. Da er sehr dekorativ ist, wird er meist als Zierkürbis verwendet und kaum jemand weiß, dass er ein Speisekürbis ist. Sein spezielles Aussehen entsteht dadurch, dass sich die weibliche Blüte nach der Befruchtung wieder schließt und die Hälfte des Kürbisses während der Wachstumsphase sehr lange umschließt. Dies ist auch beim großen Bruder, der Bischofsmütze, der Fall.

Marina di Chioggia

Marina di Chioggia

Marina di Chioggia

Galeux d´Eysines

Bischofsmütze

Bischofsmütze

Bischofsmütze

Mini Red Turban

Muskatkürbis *(Cucurbita moschata)*

Die Erkennungsmerkmale für die Moschuskürbisse sind ein behaarter Stängel, der sich an der Basis meist fünfgeteilt verdickt, und leicht gelappte Blätter, welche mehrheitlich silberweiß gefärbte Blattadern aufweisen. Muskatkürbisse sollte man nur im ausgereiften Stadium ernten. Dann duftet ihr Fruchtfleisch nach Muskat, worauf schon der Name einen Hinweis gibt. Das Fruchtfleisch ist saftig und zart und das orangefarbene Fleisch vieler Sorten ist reich an Karotin.

Langer von Neapel

Diese Sorte ist das Schwergewicht unter den Moschuskürbissen, ein Exemplar bringt bis zu 10 kg auf die Waage und ist bis zu 10 Monate lagerfähig. Das Fruchtfleisch ist dunkelorange, also besonders Karotin-haltig, fest, mit fruchtigem, leicht nussigem Geschmack.

Rugosa Friulana

Eine besondere Sorte aus Norditalien mit hell- bis goldgelben Früchten, die auch unreif geerntet werden können. Die Früchte sind keulenförmig, oft auch gebogen und das Fruchtfleisch ist fest und sehr schmackhaft.

Butternuss

Die Kürbisse dieser Sorte werden bis zu 4 kg schwer. Da sich die Kerne nur im verdickten Ende befinden, ergibt sich ein hoher Fruchtfleischanteil. Dieses ist hellorange und fest mit nussigem Aroma.

Lounge de Nice

Die keulenförmigen, beigen Früchte können bis zu 1 m lang und 8 kg schwer werden. Das orange, feinfaserige Fruchtfleisch schmeckt süßlich und ist im langen Hals der Früchte völlig kernfrei.

Muscat de Provence

Die Früchte dieser Sorte erreichen 3 bis 8 kg, sind flachrund, gerippt, anfangs dunkelgrün und beim Abreifen ockerbraun. Sie besitzen ein orangerotes, sehr aromatisches Fruchtfleisch.

Futsu Black Rinded

Diese aus Japan stammende interessante Sorte wird auch Hayato genannt. Im Frühstadium ist sie schwarz bis dunkelgrün, verfärbt sich während des Reifungsprozesses zu zimtbraun und bekommt eine graue Wachsschicht. Das Fruchtfleisch ist tieforange und schmeckt süß mit nussigem Aroma.

Langer von Neapel

Rugosa Friulana

Butternuss

Lounge de Nice

Muscat de Provence

Futsu Black Rinded

Cushaw-Kürbis *(Cucurbita agyrosperma)*

Cushaw Green Striped

Die großen, birnenförmigen Früchte haben einen langen Hals und eine dunkelgrüne Schale mit dicken weißen Streifen. Es handelt sich hier um eine alte indianische Sorte, welche wahrscheinlich irgendwann zwischen 3000 und 7000 vor Christi domestiziert wurde und der beliebteste Kürbis der Hopi-Indianer war. Das Fruchtfleisch schmeckt leicht süß und liefert viel Vitamin C, welches auch bei langer Lagerung nicht verloren geht.

Feigenblattkürbis *(Cucurbita ficifolia)*

Die typische Blattform dieses Kürbisses ist namensgebend. Der Feigenblattkürbis sieht ähnlich aus wie eine Wassermelone, die Früchte sind rund bis oval. Die Farbgebung ist grün mit mehr oder weniger weißlichen Streifen oder weiß-grün getupft. Die Schale wird extrem hart, wodurch eine Lagerung von bis zu drei Jahren möglich ist. Besonders berühmt ist das aus Feigenblattkürbis zubereitete Engelshaar (siehe Rezeptteil).

Cushaw Green Striped

Cushaw Green Striped

Feigenblattkürbis

Feigenblattkürbis

Chayote

Chayote

Chayote

Gurkenmelone

Gurkenmelone

Luffa-Gurke

Entfernte Verwandte

Chayote *(Sechium edule)*

Das Wort Chayote bedeutet so viel wie stacheliger Kürbis. Je nach Land und Region ist sie unter vielen weiteren Bezeichnungen bekannt, wie zum Beispiel: Chouchou, Christophine, Chow Chow, Xuxu, Luftkartoffel und viele mehr.

Diese interessante Frucht hat ihren Ursprung bei den Azteken und Maya. Heute wird sie in vielen tropischen und subtropischen Ländern angebaut. Mittlerweile wächst sie auch bei uns in den Gärten, ist jedoch hier nicht winterhart. Die Früchte sind hellgrün, birnenförmig und haben oft weiche Stacheln. Das Innere der Frucht ist blassgrün bis weißlich und schmeckt sehr dezent nach Kohlrabi, Gurke und Kartoffel. Die Früchte, aber auch alle anderen Teile der Pflanze, können sowohl roh als auch gekocht gegessen werden.

Diese exotische Pflanze hat eine weitere Besonderheit: Sie ist lebend gebärend. Dies bedeutet, dass bei passender Luftfeuchtigkeit, selbst ohne Bodenunterlage der Kern in der Frucht zu keimen beginnt und der neue Spross aus der Frucht herauswächst.

Gurkenmelone *(Cucumis melo variegata flexuosus)*

Diese kuriosen Früchte sind hellgrün und flauschig weich überzogen. Sie schmecken süßlicher als Gurken und haben eine festere Konsistenz. Die flauschige Schale kann man mitessen.

Luffa-Gurke *(Luffa aegyptiaca)*

Die Luffa-Gurke ist auch unter dem Namen Schwammkürbis bekannt. Unreife Früchte können als Gemüse ähnlich wie Zucchini verwendet werden. Die reifen Früchte, daran zu erkennen, dass der Fruchtkörper eine gelbe Farbe annimmt und mit braunen Punkten übersät ist, werden zu Naturschwämmen verarbeitet. Dabei wird das faserige Innere der Frucht (*Endokarp*) als Massage- und Badeschwamm verwendet.

Von der Aussaat bis zur Ernte

Kürbispflanzen lieben sonnige, windgeschützte Standorte. Sie gedeihen auf gleichmäßig feuchten Sandböden genauso wie auf lehmigen Böden, sofern diese humusreich sind. Da Kürbisse Starkzehrer sind, sollten sie regelmäßig mit Kompost versorgt werden. Jedoch sollten sie nicht direkt auf den Komposthaufen gesetzt werden, weil die Pflanzen dadurch zu sehr ins Kraut schießen und damit zu spät Früchte ansetzen, die nicht mehr genug Zeit haben auszureifen. Außerdem wäre bei einer Pflanzung am Komposthaufen die Nitrataufnahme zu hoch, was den Geschmack und die Haltbarkeit der Früchte negativ beeinflusst.

Die Aussaat erfolgt entweder Anfang Mai direkt ins Freiland, dann sind bei einer Keimzeit von 8 bis 12 Tagen die Eisheiligen vorbei, wenn die Keimlinge an die Oberfläche gelangen. Um den Kürbispflanzen einen Vorsprung zu verschaffen, kann man sie auch schon ab Mitte April in Töpfchen auf der Fensterbank vorziehen. Sobald neben den Keimblättern die Laubblätter erscheinen, stellt man die Pflänzchen tagsüber nach draußen, um sie abzuhärten. Jedoch dürfen sie frühestens Mitte Mai nach den Eisheiligen ins Beet gepflanzt werden, da sie keine Nachtfröste aushalten.

Kürbispflanzen benötigen viel Platz. Pro Pflanze sind das mindestens 1 bis 2 Quadratmeter, bei stark rankenden Sorten sogar bis zu 4 Quadratmeter. Ist der notwendige Platz nicht vorhanden, sind Rankgerüste eine gute Alternative. Ich pflanze meine Kürbispflanzen sehr gerne ins Hochbeet, wobei die Kürbisranken dann außen am Beet herabhängen. Dies sieht nicht nur hübsch aus, sondern gewährleistet auch eine gute Versorgung mit Sonnenlicht für gutes Ausreifen der Früchte.

Pro Sorte sollten mindestens 2 Pflanzen angebaut werden. Dadurch erhöht sich nicht nur die genetische Vielfalt, sondern es wird auch der Ertrag gesteigert.

Kürbispflanzen kommen von Natur aus mit wenig Wasser aus, deshalb ist bei Freilandpflanzen der Sommerregen normalerweise völlig ausreichend. Wenn man trotzdem gießt, sollte man bezüglich Pilzgefahr darauf achten, dass die Blätter trocken bleiben.

Übermäßiger Beikraut-Bewuchs soll regelmäßig entfernt werden und Grasschnitt, Heu- oder Strohhäcksel als Mulchschicht erleichtern die Pflege.

Circa fünf Wochen nach der Pflanzung erscheinen die ersten Blüten. Da Kürbisse einhäusig sind, blühen männliche und weibliche Blüten auf ein und derselben Pflanze. Die langstieligen Blüten sind die männlichen. Sie erscheinen meist zuerst. Zeitversetzt beginnen die weiblichen Blüten zu blühen. Diese erkennt man an ihrem verdickten Fruchtknoten, der je nach Sorte unterschiedlich aussieht und bei genauem Hinsehen bereits große Ähnlichkeit mit der ausgereiften Frucht der jeweiligen Sorte aufweist. Die Bestäubung erfolgt bei sonnigem Wetter vor allem durch Bienen, aber auch durch andere Insekten. Bei schlechtem Wetter bleiben die weiblichen Blüten unbefruchtet und fallen nach einigen Tagen ab.

männliche Blüte und junger Ölkürbis

Blüte mit Marienkäfer

Biene mit Blütenstaub

Biene auf weiblicher Blüte mit Fruchtknoten

Wenn man eigenes Saatgut gewinnen möchte, ist beim Ausgangssaatgut auf Sortenreinheit zu achten. Es ist wichtig zu wissen, dass sich Kürbisse von unterschiedlichen Sorten innerhalb einer Art verkreuzen können. Dies bedeutet, dass sich zum Beispiel der Steirischen Ölkürbis mit der Zucchini verkreuzen kann, weil sie beide zu den Gartenkürbissen (*C. Pepo*) gehören. Jedoch kann sich die Zucchini nicht mit dem Hokkaido verkreuzen, weil sie unterschiedlichen Arten angehören. Man kann also Zucchini- und Hokkaido-Setzlinge im Garten nebeneinander pflanzen, selbst wenn die fleißigen Bienchen die Blüten beider Pflanzen besuchen, um Nektar zu holen. Sie werden sich nicht miteinander verkreuzen.

Es gibt auch Kürbissorten, die nur auf ihr Aussehen hin gezüchtet wurden und deshalb der Gehalt an *Cucurbitacinen* nicht beachtet wurde. Diese Sorten sind schwach giftig und können sich mit anderen Gartenkürbissen (*C. Pepo*) verkreuzen. Sie sind im Handel als sogenannte Zierkürbisse erhältlich. Deshalb sollten Zierkürbisse nicht in die Nähe von Gartenkürbissen gesetzt werden, wenn man aus den Früchten Saatgut für das nächste Jahr gewinnen möchte.

Alle Sorten, die ich in diesem Buch beschreibe, sind ausschließlich Speisekürbisse, auch wenn viele davon sehr hübsch anzusehen sind. Zudem bringt der Nachbau nur dann sicheren Erfolg, wenn der Abstand zwischen den unterschiedlichen Sorten einer Art mindestens 700 bis 800 m beträgt. Da dies schwierig zu gewährleisten ist, kann man sich behelfen, indem man die Bestäubung sortenrein händisch vornimmt. Da Kürbisblüten sehr groß sind, ist dies auch für den Laien leicht nachzuvollziehen. Es erfordert etwas Geduld und Zeit in den Morgenstunden. Die Kürbisblüten müssen vor dem Öffnen mit Papiersäckchen und Klebebändern sorgfältig verschlossen gehalten werden, um zu verhindern, dass Insekten sie bestäuben. Am Morgen, an dem sich die Blüten öffnen, wird der Schutz entfernt und mit dem Pollen der männlichen Blüte wird nun der Griffel in der weiblichen Blüte bestäubt. Danach muss die weibliche Blüte wieder mit einem Säckchen und Klebeband verschlossen werden, damit kein Fremdpollen durch Insekten eingebracht werden kann. Die von Hand bestäubte Frucht kennzeichnen, um bei Fruchtreife zu wissen, welcher Kürbis nun die sortenreinen Samen enthält. Samen nur aus vollreifen Kürbissen, die man zudem zur Nachreife 14 Tage in der Sonne liegen lässt, entnehmen. Dies fördert auch die Keimfähigkeit. Die Kerne werden vorsichtig aus dem Fruchtfleisch gelöst, gewaschen und gut getrocknet. Sie müssen beim Auseinanderbrechen knacken und trocken, kühl und dunkel gelagert werden, dann sind sie sechs Jahre keimfähig.

Um lange Haltbarkeit zu erreichen, dürfen Kürbisse erst geerntet werden, wenn ihr Stiel verholzt ist. Meist geht dies mit einem für die Sorte typischen Farbumschlag der Schale einher. Es sollten nur völlig unbeschadete Kürbisse eingelagert werden. Sie sollten frostfrei, trocken, im Idealfall zwischen 10 und 18 °C gelagert werden, dann sind sie je nach Sorte zwischen 9 Monate und 2 Jahre haltbar.

Farbumschlag beim Ölkürbis

Rezepte

Basisrezepte

Für die Kosmetikrezepte in diesem Buch bilden pflanzliche Fette und Öle eine wichtige Grundzutat. Diese werden mit den öllöslichen Wirkstoffen, die in unseren Powerbeeren, den Kürbissen, stecken, angereichert, bevor sie zu diversen Hautpflegeprodukten verarbeitet werden.

Prinzipiell gibt es zwei Methoden, um Ölauszüge aus pflanzlichen Bestandteilen herzustellen: den Kaltauszug und den heißen Ölauszug. Da der Wassergehalt in Kürbisfleisch über 90 % liegt, ist es für den Kaltauszug ungeeignet, eine Verkeimung und Schimmelbildung während des Prozesses wäre vorprogrammiert.

Mit der Methode des heißen Ölauszugs lassen sich die öllöslichen Carotinoide besonders gut herauslösen, für einige von ihnen ist die Hitzezufuhr sogar unbedingt notwendig, damit sie aus den pflanzlichen Zellen freigesetzt werden.

» **VIDEO**: *Basisrezept*

Öl-Auszug

Zutaten:

- 200 g Kürbis
- 250 g Öl
- 1 TL Salz

Zubereitung:

Den Kürbis, je nach Art, eventuell schälen und grob raspeln, Salz zufügen und mit einem Speiseöl nach Wahl übergießen. Das Öl soll für diesen Zweck möglichst geruchsneutral sein. Vor allem sollte es keine Röstaromen enthalten, da dieser Geruch bei Körperpflegeprodukten eher störend wahrgenommen wird. Die Kürbisraspeln sollten gut mit Öl bedeckt sein.

Nun wird das Gemisch unter ständigem Rühren langsam erwärmt. Achtung: Der Kürbis brennt leicht an! Wer möchte, kann dem Gemisch 5 EL Wasser zufügen. Dieses bildet am Topfboden unter dem Öl eine Art Polster, der zu rasche Hitzezufuhr etwas dämpft, vor allem solange das Kürbisfleisch selbst noch kein Wasser abgegeben hat. Nun mit Geduld nur langsam die Temperatur erhöhen und gleichmäßig umrühren.

Ich bevorzuge für die Zubereitung der Ölauszüge hitzebeständige Glasgefäße, so habe ich freie Sicht auf das Pflanzenmaterial, auch auf jenes am Topfboden. Der Kürbis enthält viel Wasser, welches er nach und nach abgibt. Am Topfboden sammelt sich dieses Wasser und darüber befindet sich das Öl. Bei geringer Hitze ca. ½ Stunde leicht köcheln lassen, nicht frittieren (!). Beim Köcheln steigen Wasserdampfbläschen vom Topfboden auf, bewegen sich durch das Ölgemisch hindurch und verdampfen an der Oberfläche. Das Öl nimmt in dieser Zeit immer mehr die orange-gelbe Farbe des Kürbisses an, die Carotinoide und anderen fettlöslichen Wirkstoffe sind ins Öl übergegangen.

Den Herd ausschalten und ca. 1 Stunde ziehen lassen. Dann das Öl nochmals leicht erwärmen und abseihen. Wenn viele Schwebstoffe sichtbar sind, eventuell durch ein feineres Sieb oder Tuch abermals filtrieren und abfüllen. Beim Abfüllen ist darauf zu achten, falls beim abgeseihten Öl unter der Ölschicht noch eine wässrige Schicht sichtbar ist, diese nicht mitabzufüllen. Dies würde die Haltbarkeit des Öls herabsetzen.

Haltbarkeit:

Ansonsten ist das Öl bei lichtgeschützter, kühler Lagerung gleich lange haltbar wie das verwendete Basisöl, in der Regel ca. 6 Monate.

Tinktur

Zutaten:

- 50 g gehackte Kürbiskerne
- 100 ml Wodka

Zubereitung:

Die Kürbiskerne mit Wodka übergießen, gut schütteln und mindestens über Nacht, jedoch besser bis zu mehreren Wochen ziehen lassen und dann filtrieren.

Kürbispüree

Kochvariante:

Den Kürbis in grobe Stücke teilen, die Kerne, am besten mit einem Löffel, entfernen und die Stücke, falls nötig, mit einem Gemüsemesser schälen.

Nun in größere Würfel schneiden und mit wenig Wasser im Kochtopf weich dünsten. Das Kochwasser abgießen und anderwärtig verwenden.

Das gegarte Kürbisfruchtfleisch mit dem Stabmixer pürieren.

Mein Tipp

Wenn ich Kürbispüree auf Vorrat zubereite, friere ich dieses bevorzugt in Eiswürfelformen ein. Wenn sie gefroren sind, fülle ich diese Kürbiseiswürfel in eine größere Tiefkühlbox um und kann je nach Bedarf eine beliebige Anzahl dieser *Eiswürfel* für meine Kosmetik- oder Kochrezepte entnehmen.

Backrohrvariante:

Den Kürbis mit einem Küchenbeil oder einem großen Messer halbieren und eventuell in Spalten teilen. Die Kerne samt umgebender Fasern herausschaben. Die ungeschälten Kürbisspalten auf einem Backblech verteilen und zusätzlich ca. ¼ l Wasser hineinleeren.

Nun bei 180 °C die Kürbisstücke je nach Stärke des Fruchtfleisches im Backrohr für 40 bis 60 Minuten garen, eventuell eine Nadelprobe machen.

Danach lässt sich das gegarte Fruchtfleisch ganz einfach aus der Schale lösen und kann gleich wie bei der Kochvariante mit dem Stabmixer püriert werden.

Körperpflegeöl & Kürbiscremesuppe

Sorte: Hokkaido

Zutaten:

- 1 mittelgroßer Hokkaidokürbis
- ½ Apfel
- ½ TL Salz
- 300 g Sonnenblumenöl

Vorbereitung:

¾ des Kürbisses und den ½ Apfel grob raspeln, Salz zufügen und mit dem Sonnenblumenöl in einem Kochtopf, bevorzugt aus hitzebeständigem Glas, übergießen.

Nun unter ständigem Rühren langsam am Herd erwärmen. Nur langsam die Temperatur erhöhen, um zu vermeiden, dass das Fruchtfleisch anbrennt.

Eine ½ Stunde sanft köcheln lassen, dann den Herd abschalten, für 1 Stunde ziehen lassen, dann nochmal leicht erwärmen und abfiltrieren.

Kürbiscremesuppe

Zutaten:

- 6 mittelgroße Kartoffeln
- 1 Zwiebel
- 1 walnussgroßes Stück Ingwer
- verbliebene Viertel des Kürbisses
- abgeseihte Kürbis-Raspeln
- Saft von 2 Orangen
- Kräutersalz
- eventuell etwas Buttermilch

Zubereitung:

Während das Körperpflege-Öl köchelt, kann parallel dazu mit der Zubereitung der Suppe begonnen werden. Dazu die Kartoffeln und die Zwiebel schälen und in grobe Stücke teilen, das Stück Ingwer und den restlichen rohen Kürbis ebenfalls zerkleinern und zufügen. Alles mit Wasser aufgießen, Suppenwürze zufügen und kochen, bis die Gemüsestücke weich sind.

Wenn das Pflege-Öl fertig ist, die abgeseihten Kürbis- und Apfelraspel der Suppe zufügen und diese pürieren.

Die Cremesuppe wird mit Orangensaft und Kräutersalz abgeschmeckt. Eventuell kann der Geschmack durch Zugabe von etwas Buttermilch abgerundet werden. Ich verwende bei dieser Suppe Buttermilch, da die zugegebenen Kürbisraspeln Öl enthalten und die Suppe sonst zu fett würde.

Zum Anrichten kann die Suppe mit gerösteten Kürbiskernen bestreut und mit echtem Steirischen Kürbiskernöl beträufelt werden.

Mein Tipp:

Wenn du Kernölflecken auf deiner Kleidung hast, leg diese für ein paar Stunden in die Sonne. Das Chlorophyll des Kernöls bleicht durch die UV-Strahlen aus und es bleibt ein farbloser Fettfleck übrig. Diesen entfernst du, wie gewohnt, durch Waschen mit einem üblichen Waschmittel.

Körperpflegeöl

Anwendung:

Das abgeseihte Öl kann pur für die Hautpflege verwendet werden oder mit wenigen Tropfen eines beliebigen ätherischen Öls beduftet werden.

Es zieht am besten in die Haut ein, wenn es auf die feuchte Haut, zum Beispiel nach der Dusche, aufgetragen und einmassiert wird. Es eignet sich auch hervorragend zum Abschminken.

Außerdem kann dieses gesunde Öl zum Verfeinern von Gerichten in der Küche verwendet werden, dann aber ohne Zugabe eines ätherischen Öls.

No-Emu & Beschwipster Tassenkuchen

Sorte: Langer von Neapel

Zutaten:

- 200 g Muskatkürbis
- 250 g Sonnenblumenöl
- ½ TL Salz

Mein Tipp:

Am besten immer ein Fläschchen angesetzte Kürbiskern-Tinktur inklusive Kerne vorrätig haben und erst bei Bedarf abseihen.

Vorbereitung:

Die entsprechende Menge vom Muskatkürbis schälen und grob reiben, Salz zufügen und mit dem Öl übergießen, sodass alles vollkommen bedeckt ist. Das Gemisch in einem Topf, bevorzugt aus hitzebeständigem Glas, langsam, unter ständigem Rühren erwärmen. Die Temperatur nur langsam erhöhen, um zu vermeiden, dass der Kürbis anbrennt. Wenn es zu blubbern beginnt, für ½ Stunde sachte köcheln lassen. Dann den Herd ausschalten und das Gemisch für 1 Stunde ziehen lassen. Danach nochmal leicht erwärmen und abfiltrieren.

Zutaten für die Tinktur:

- 50 g gehackte Kürbiskerne
- 100 ml Wodka

Vorbereitung:

Die Kürbiskerne mit dem Wodka übergießen, kräftig schütteln und mindestens über Nacht (schon am Vortag daran denken! falls vergessen, kann man die Tinktur ausnahmsweise schon nach einer ½ Stunde verwenden) ziehen lassen und dann abseihen.

No-Emu

steht für „No Emulsion", in dieser Zubereitung ist kein Emulgator.

Zutaten:

- Kürbis-Auszugsöl
- Kürbiskern-Tinktur
- Destilliertes Wasser

Zubereitung:

Nun stellt man aus den Flüssigkeiten eine 2-Phasen-Lotion her, indem man die Tinktur (1:3) mit destilliertem Wasser verdünnt und mit diesem Gemisch eine Sprühflasche bis zur Hälfte befüllt. Dann wird mit dem Öl-Auszug aufgefüllt. Nun befinden sich im Fläschchen zwei Schichten. Da bekanntlich Öl auf Wasser schwimmt, befindet sich im Fläschchen unten die verdünnte Kürbiskerntinktur und oben das orangefarbene Auszugsöl. Vor Gebrauch wird kräftig geschüttelt, damit sich die beiden Phasen gut mischen. Nun sprüht man das Gemisch auf die offene Handfläche und massiert es mit kreisenden Bewegungen in die Haut ein. Nach kurzer Zeit trennen sich die zwei Phasen im Fläschchen wieder und die ölige Phase schwimmt obenauf. Diese 2-Phasen-Lotion kann als Gesichtspflege, aber auch als Ganzkörperpflege verwendet werden. Außerdem eignet sie sich hervorragend zum Abschminken.

Beschwipster Tassenkuchen

Zutaten:

- 1 Ei
- 4 EL Topfen
- 3 EL abgeseihte Kürbismasse
- 3 EL fein geriebener frischer Kürbis
- 2 EL abgeseihte, geriebene Kürbiskerne aus der Tinktur
- 5 EL Mehl
- 2 EL Rohrohrzucker
- 1 TL Backpulver

Zubereitung:

Das Ei mit einer Gabel verquirlen und das Mehl mit Backpulver vermischen, dann alle weiteren Zutaten zugeben und alles gut miteinander vermengen. Zwei kleine Mokkatassen, die zuvor eingefettet und bemehlt wurden, mit dem Teig zu ¾ befüllen. Jede Tasse wird nun für 2 Minuten zum Garen in die Mikrowelle gestellt. Die kleinen Kuchen werden in den Tassen, am besten noch warm und mit Zucker bestreut, serviert.

Sie können auch im Backrohr gebacken werden. Dafür die Backzeit entsprechend verlängern (15–20 Minuten bei 180 °C).

Beschwipster Tassenkuchen

Kürbis-Risotto

Körperpflege-Lotion & Kürbis-Risotto

Sorte: Ungarischer Blauer

Zutaten:

- 200 g Kürbisfruchtfleisch
- 250 g Sonnenblumenöl
- Saft und Schale einer unbehandelten Orange

Mein Tipp:

Sowohl *Hokkaido* als auch *Langer von Neapel* sind für folgende Rezepte geeignet.

Vorbereitung:

Den Kürbis, je nach Sorte, schälen und das Fruchtfleisch grob reiben, die unbehandelte Orange auspressen und dann die Schale in feine Streifen schneiden.

Das Kürbisfleisch gemeinsam mit dem Orangensaft und der Orangenschale in einen Topf, bevorzugt aus hitzebeständigem Glas, geben und mit Sonnenblumenöl übergießen, sodass alles gut bedeckt ist. Nun am Herd langsam unter ständigem Rühren erwärmen und darauf achten, dass nichts am Topfboden anbrennt. Wenn die Masse zu köcheln beginnt (Achtung: Nicht frittieren!), die Temperatur zurückschalten und für ½ Stunde bei niedriger Temperatur köcheln lassen. Dann den Herd ganz abschalten und die Masse für 1 Stunde ziehen lassen. Nochmals kurz erwärmen und abseihen.

Kürbis-Risotto

Zutaten:

- 1 EL Olivenöl
- ½ Zwiebel
- 1 Knoblauchzehe
- 1 ½ Tassen Risottoreis
- ⅛ l Weißwein
- 1 l Gemüsebrühe
- 1 Tasse würfelig geschnittener Kürbis
- die abgeseihten Kürbisreste des Ölauszugs
- Saft und Schale von 1 Bio-Orange
- geriebener Parmesan
- Rosmarin

Zubereitung:

Zwiebel und Knoblauch klein hacken und in 1 EL Öl andünsten, bis sie eine glasige Farbe angenommen haben, Risotto-Reis zugeben, anrösten und mit Weißwein aufgießen und umrühren.

Wenn die Flüssigkeit aufgesogen ist, mit einem Schöpfer heißer Suppe aufgießen und umrühren, bis wiederum die gesamte Flüssigkeit aufgesogen ist. Diesen Vorgang mehrmals wiederholen.

10 Minuten vor Ende der Garzeit (siehe Packungsanleitung), die Kürbiswürfel und 2 EL fein gehackten, frischen oder 1 EL getrockneten, zerkleinerten Rosmarin, Orangensaft und Orangenschale zugeben. Den Topf abdecken und fertiggaren, bis die Kürbiswürfel weich sind.

Bei Bedarf noch Suppe nachgießen, bis der Reis die gewünschte Konsistenz hat.

Zum Schluss die abgeseihte Kürbismasse vom Ölauszug und geriebenen Parmesan unterrühren und kurz durchziehen lassen. Eventuell mit einem Zweig Rosmarin anrichten.

Körperpflege-Lotion

Zutaten:

- 30 g vom Auszugsöl
- 0,6 g Bienenwachs
- 30 g dest. Wasser, Mineralwasser, Quellwasser oder ein Hydrolat

Zubereitung:

Das Bienenwachs vorsichtig im Kürbis-Auszugsöl schmelzen. Vorbereitete Lotion-Fläschchen mit diesem, noch warmen Öl zur Hälfte befüllen und mit Wasser oder Hydrolat auffüllen. Sofort kräftig schütteln. So lange, bis das Gemisch trüb wird. Das kann, abhängig von der Temperatur der Lösungen, auch etwas länger dauern. Das Gemisch dickt an, es entsteht eine physikalische Emulsion, welche auch bestehen bleibt.

Basilikum-Creme alla Friulana & Kürbis-Gratin alla Friulana

Sorte: Rugosa Friulana

Zutaten:

- 100 g Rugosa Friulana
- 50 g Sonnenblumenöl
- 50 g Kokosfett
- 15 g Kakaobutter
- 1 EL frisches Basilikum

Mein Tipp:

Statt der Sorte *Rugosa Friulana* können auch Zucchini verwendet werden.

Vorbereitung:

Die angegebene Menge des Kürbisses der Sorte *Rugosa Friulana* grob reiben. Wenn dieser Kürbis sehr jung geerntet wird, kann er samt Schale verwendet werden, sonst schälen und auch die Kerne im Inneren entfernen.

Das Kokosfett zusammen mit Kakaobutter in einem Topf, bevorzugt aus hitzebeständigem Glas, schmelzen, Sonnenblumenöl, geriebenes Kürbisfleisch und gehacktes Basilikum zugeben und langsam erwärmen, bis die Masse zu köcheln beginnt. Dabei darauf achten, dass das Kürbisfleisch nicht anbrennt. Bei mäßiger Hitze für 30 Minuten köcheln lassen, dann vom Herd nehmen und 1 Stunde ziehen lassen. Danach den Ölauszug nochmals erwärmen und abseihen.

Basilikum-Kürbis-Creme alla Friulana

Zutaten:

- Die gesamte Menge des abgeseihten Kürbisauszugsöls
- 15 g Bienenwachs
- 50 ml Basilikum- oder Rosmarin-Hydrolat oder destilliertes Wasser
- 15 ml einer Tinktur (z. B. aus Ringelblumen)

Zubereitung:

Das Bienenwachs sanft im abgeseihten Auszugsöl schmelzen. Die Tinktur mit dem Hydrolat mischen und langsam unter ständigem Mixen dem Öl zugeben. Die Lösungen emulgieren und eine Creme entsteht.

Kürbis-Gratin alla Friulana

Zutaten:

- 200 g Rugosa Friulana
- abgeseihtes Kürbisfleisch
- 1 Ei
- ¼ kg Topfen
- 1 Knoblauchzehe
- 2 EL Polenta
- Salz, Pfeffer
- Parmesan

Zubereitung:

Das Ei mit einer Gabel verquirlen und mit dem Topfen verrühren. Frisches Kürbisfleisch reiben und gemeinsam mit dem abgeseihten Kürbisfleisch, einer gepressten Knoblauchzehe und Polenta zufügen. Mit Salz und Pfeffer abschmecken, in Auflaufförmchen füllen, mit geriebenem Parmesan bestreuen und bei 180 °C in 25 Minuten goldbraun backen.

Kürbis-Salbe & Kürbis-Topfen-Weckerl

Sorte: Butternusskürbis

Kürbis-Salbe

Zutaten:

- 200 g Fruchtfleisch vom Butternusskürbis
- 250 g Sonnenblumenöl

Vorbereitung:

Das Fruchtfleisch grob reiben und mit Sonnenblumenöl übergießen. In einem Topf oder hitzebeständigem Glasgefäß am Herd langsam unter ständigem Rühren erwärmen. Nur langsam die Temperatur erhöhen, um zu vermeiden, dass der Kürbis anbrennt. Für ½ Stunde sanft köcheln lassen, nicht frittieren(!). Dann 1 Stunde ziehen lassen, nochmal leicht erwärmen und filtrieren.

Zutaten:

- Kürbis-Auszugsöl
- Bienenwachs

Zubereitung:

Für die Kürbis-Salbe nach dem Filtrieren die gewünschte Menge Öl abmessen. Darin durch sanftes Erwärmen 10 % Bienenwachs schmelzen. In Salbentiegel füllen, offen abkühlen und fest werden lassen, damit sich im Deckel kein Kondenswasser bilden kann. Nach dem Erkalten verschließen.

Kürbis-Topfen-Weckerl

Zutaten:

- 400 g Dinkelmehl
- 100 g Haferflocken
- 1 Pkg. Backpulver
- 25 g Butter
- 250 g Topfen
- 2 Eier
- ½ TL Salz
- 1 TL Honig
- 8 EL von der abgeseihten Kürbismasse

Zubereitung:

Die Butter auf Raumtemperatur bringen. Das Mehl mit Backpulver mischen und dann mit den restlichen Zutaten entweder von Hand oder mit der Küchenmaschine verkneten.

Mit den Händen aus der Masse ca. 15 Weckerl formen, auf ein Backblech setzen und bei 180 °C Umluft für 30 Minuten backen.

Mein Tipp:

Für mich sind das die perfekten Frühstücks- oder Jausenweckerl, deshalb habe ich davon immer einige im Tiefkühlfach. Bei Bedarf kann ich sie einzeln entnehmen und bei Raumtemperatur auftauen lassen oder, wenn es ganz schnell gehen soll, gebe ich sie für 1–2 Minuten in die Mikrowelle.

Anti-Falten-Crème & Kürbiscracker

Sorte: Erdnusskürbis

Mein Tipp:

Wer keinen Erdnusskürbis zur Hand hat, kann auch einen Hokkaidokürbis verwenden.

Zutaten:

- 200 g Kürbisfleisch
- 250 g Olivenöl
- ½ TL Salz

Vorbereitung:

Sowohl Erdnusskürbis als auch Hokkaido können mit Schale verwendet werden. Beim Erdnusskürbis eventuell zuvor nur die etwas holzigen *Erdnüsse* abschneiden. Das Kürbisfleisch wird grob gerieben und in einem Topf, bevorzugt aus hitzebeständigem Glas, mit Olivenöl und Salz vermengt und langsam unter ständigem Rühren bei mäßiger Hitze am Herd erwärmt. Darauf achten, dass der Kürbis nicht anbrennt! Wenn die Masse zu köcheln beginnt, für ½ Stunde vorsichtig dahinsimmern lassen, dann vom Herd nehmen und 1 Stunde ziehen lassen. Danach nochmals erwärmen und abseihen.

Anti-Falten-Creme

Zutaten:

- 30 g abgeseihtes Öl
- 3 g Bienenwachs
- ein paar Tropfen Kernöl

Zubereitung:

Das Bienenwachs sanft im Kürbis-Auszugsöl schmelzen, etwas abkühlen lassen und das Kernöl einrühren, in Salbentiegel abfüllen, erkalten lassen und erst dann verschließen. Keine Angst davor, dass diese Creme die Haut grün oder womöglich sogar schwarz färbt. In dieser Konzentration ist das nicht der Fall. Kernöl ist durch die enthaltenen Carotinoide und der hohen Konzentration an Vitamin E besonders hautpflegend. Es wirkt regenerierend und wirkt Faltenbildung entgegen.

Kürbiscracker

Zutaten:

- 4 EL Mehl
- 3 EL gemahlene Kürbiskerne
- 1 EL Sonnenblumenkerne
- 1 EL Leinsamen
- 4 EL vom abgeseihten Kürbisfleisch
- 4 EL fein geriebenes, frisches Kürbisfleisch
- ½ TL Kräutersalz

Zubereitung:

Alle Zutaten miteinander zu einer dicken Paste verrühren und diese dünn auf ein geöltes oder mit Backpapier ausgelegtes Backblech streichen.

Für 20 Minuten bei 180 °C backen, bis die Teigplatte leicht gebräunt ist, etwas grobes Kräutersalz darüber streuen und nach dem Erkalten in Stücke brechen.

Kürbiskernaufstrich

Dieser Aufstrich passt sehr gut zum Dippen.

Zutaten:

- 1 Pkg. Frischkäse
- 2 EL gemahlene Kürbiskerne
- 1 Knoblauchzehe
- 1 EL Kernöl
- 1 Prise Salz

Zubereitung:

Die angegebenen Zutaten miteinander vermengen und zu den Crackers reichen.

Feste Handcreme & Steirisches Kürbisgemüse

Sorte: Steirischer Ölkürbis

Zutaten:

- 200 g Kürbisfruchtfleisch
- 250 g Rapsöl
- ½ TL Salz

Vorbereitung:

Für diese Rezepte wird ein junger, noch unreifer Steirischer Ölkürbis verwendet. Dieser ist noch grün und kann samt Schale und auch mitsamt der unreifen Kerne und dem umliegenden Fruchtfleisch verwendet werden.

Das Kürbisfleisch wird grob geraspelt und in einem Topf, bevorzugt aus hitzebeständigem Glas, mit Rapsöl übergossen und unter ständigem Rühren langsam am Herd erwärmt. Darauf achten, dass das Fruchtfleisch nicht anbrennt. Wenn die Masse köchelt, für 30 Minuten auf kleiner Flamme köcheln lassen, dann vom Herd nehmen und für mindestens 1 Stunde ziehen lassen. Danach nochmal kurz erwärmen und abseihen.

Steirisches Kürbisgemüse

Zutaten:

- ½ kg Kürbisfleisch
- abgeseihtes Kürbisfleisch
- Suppenwürze
- Sauerrahm
- 1 Zwiebel
- 1 Paprika
- 3 EL Paprikapulver
- 1 EL Tomatenmark
- 1 Schuss Essig

Zubereitung:

Das Kürbisfleisch grob raspeln, die Zwiebel hacken und den Paprika in kleine Würfel schneiden. Die Zwiebel in Rapsöl anschwitzen, Paprika, Paprikapulver und Tomatenmark zugeben und anrösten, mit einem Schuss Essig ablöschen. Dann das geriebene Kürbisfleisch, etwas Wasser und Suppenwürze zugeben und bei geschlossenem Deckel garen, bis das Kürbisfleisch weich ist. Nun das abgeseihte Kürbisfleisch vom Ölauszug zugeben, abschmecken und eventuell Sauerrahm untermischen. Mit Kartoffeln und Rindfleisch oder Würstel servieren. Dies ist ein traditionelles Gericht in der Steiermark.

Feste Handcreme

Zutaten:

- 3 TL Auszugsöl
- 7 g Bienenwachs
- 30 g Kakaobutter
- 2–3 Tropfen ätherisches Öl nach Wahl z. B. römische Kamille oder Lavendel

Zubereitung:

Kakaobutter, Bienenwachs und Auszugsöl gemeinsam erwärmen, bis alle Bestandteile geschmolzen sind.

Dann das ätherische Öl zugeben und das Gemisch in Silikonförmchen ausgießen und fest werden lassen.

Trockene Hände bei Bedarf mit der festen Handcreme pflegen.

Buttersalbe mit Lavendel & Lavendelkekse

Sorte: Futsu Black Rinded

Mein Tipp:

Alternativ kann auch ein Butternusskürbis verwendet werden.

Zutaten:

- ¼ kg Butter
- 300 g Kürbisfleisch, gerieben
- 5 EL Lavendelblüten
- 3 Zweige Thymian

Vorbereitung:

Einen kleinen Futsu Black Rinded halbieren, die Kerne samt umliegender Fasern entfernen und die Kürbishälften samt Schale grob reiben. Die Lavendelblüten gemeinsam mit abgerebelten Thymianblättern in einem Mörser zerstoßen.

Für dieses Rezept wird der Ölauszug in Butter anstatt Öl zubereitet. Die Butter bei mäßiger Hitze in einem Topf (bevorzugt aus hitzebeständigem Glas) schmelzen, das grob geraspelte Kürbisfleisch und die Lavendelblüten samt Thymian zufügen. Die Butter vorsichtig weiter erwärmen und, wenn die Masse leicht zu köcheln beginnt, auf niedriger Flamme für 30 Minuten dahinsimmern lassen. Aufpassen, dass das Kürbisfleisch nicht anbrennt, und auch darauf achten, dass die Butter nicht verbrennt.

Dann bei abgeschalteter Herdplatte für 1 Stunde ziehen lassen, danach nochmals kurz erwärmen, damit die Butter wieder flüssig ist, und abseihen. Die entstandene Auszugsbutter hat eine wunderschöne Farbe und duftet herrlich, um nicht zu sagen verführerisch. Es ist nicht nur die schöne Farbe des Muskatkürbisses, sondern auch sein typischer Muskatgeruch und die ätherischen Öle des Lavendels und des Thymians, die in die Butter übergegangen sind. In dieser Kombination ist ein besonderer Duft entstanden. Diese Auszugsbutter dient nicht nur als Basis für unterschiedliche Hautpflegeprodukte, sondern sie eignet sich auch hervorragend zum Verfeinern vieler Speisen. Es sollte eigentlich immer ein Gläschen davon im Kühlschrank vorrätig sein.

Mein Tipp:

Einen Teil der Auszugsbutter noch warm in Eiswürfelbehälter gießen und einfrieren. Nach dem Gefrieren können die Butter-Eiswürfel in eine Gefrierdose umgefüllt werden und bei Bedarf einzeln entnommen werden. Kräuterbutter einmal anders. Sie passt perfekt zu Gegrilltem, aber auch zu vielen anderen Speisen als Topping. Die Butter kann vor dem Ausgießen auch gesalzen oder mit weiteren Aromen, wie zum Beispiel Knoblauch, versehen werden.

Buttersalbe

Zutaten:

- Kürbis-Auszugsbutter
- Bienenwachs: 10 % der gewünschten Menge an Salbe

Zubereitung:

Um eine Salbe damit herzustellen, wird der Butter-Auszug zusammen mit der entsprechenden Menge Bienenwachs (10 %) sanft erwärmt, bis das Bienenwachs geschmolzen ist.

Nun in Salbentiegel abfüllen, offen abkühlen lassen, dann verschließen und im Kühlschrank lagern.

Diese Buttersalbe ist besonders hautpflegend, insbesondere bei trockener und rissiger Haut.

Kürbis-Lavendel-Kekse

Zutaten:

- 250 g abgeseihtes Kürbisfleisch vom Butterauszug
- 30 g Kürbis-Auszugsbutter
- 40 g Butter
- 120 g Kastanienmehl
- 270 g Dinkelmehl
- 1 Ei
- 70 g Rohrohrzucker
- ½ Pkg Backpulver

Zubereitung:

Das Backpulver mit dem Dinkel- und Kastanienmehl mischen. Butter und Auszugsbutter auf Raumtemperatur bringen, das abgeseihte Kürbisfleisch und das Ei mit dem Zucker unterrühren. Dann das Mehlgemisch einarbeiten und entweder von Hand oder mit der Küchenmaschine alles zusammen zu einem Mürbteig verkneten und diesen für zwei Stunden kühl stellen. Nun den Teig auswalken, beliebige Kekse ausstechen und für 15 Minuten bei 180 °C backen.

Eventuell können die Kekse mit einer Zuckerglasur überzogen werden.

Kürbis-Zuckerglasur

Zutaten:

- 2 EL Kürbispüree (siehe Basisrezept)
- 1 EL Zitronensaft
- Staubzucker

Zubereitung:

Kürbispüree mit Zitronensaft mischen und mit so viel Staubzucker verrühren, dass eine dicke Paste entsteht. Diese auf die Kekse streichen und mit Lavendelblüten bestreuen und trocknen lassen.

Öl-Salz-Peeling & Zucchini-Roulade

Sorte: Zucchini

Zutaten:

- 200 g Zucchini
- 250 g Sonnenblumenöl
- ½ TL Salz

Vorbereitung:

Die Zucchini grob raspeln und in einem Topf, bevorzugt aus hitzebeständigem Glas, mit Öl übergießen, Salz zufügen und unter ständigem Rühren langsam am Herd erwärmen. Darauf achten, dass die Zucchiniraspeln nicht anbrennen. Für 30 Minuten auf niedriger Flamme sanft köcheln lassen (nicht frittieren!), dann vom Herd nehmen und 1 Stunde ziehen lassen. Dann nochmals kurz erwärmen und abfiltrieren.

Öl-Salz-Peeling

Zutaten:

- Zucchini-Ölauszug
- Mittelgrobes Meersalz

Zubereitung:

Beliebige Menge an mittelgrobem Meersalz mit so viel abgeseihtem Auszugsöl mischen, dass es gerade damit bedeckt ist. Eventuell mit ein paar Tropfen ätherischem Öl nach Wahl beduften.

Beim Duschen den ganzen Körper mit diesem wohltuenden Peeling abreiben. Das Peeling regt die Durchblutung der Haut an und wirkt gleichzeitig pflegend.

Zucchini-Roulade

Zutaten:

- 5–6 Eier
- 1 grüne Zucchini, gerieben
- Abgeseihtes Zucchinifleisch vom Auszugs-Öl
- 1 gelbe Zucchini, in Scheiben gehobelt
- Salz
- Pfeffer
- 200 g Frischkäse
- 1 Knoblauchzehe
- 100 g Schinken, dünne Scheiben
- Karottengrün oder andere Garten- und Wildkräuter, gehackt

Zubereitung:

Die Eier verquirlen und mit der geriebenen Zucchini, dem abgeseihten Zucchinifruchtfleisch und Salz und Pfeffer mischen. Diese Masse auf ein mit Backpapier ausgelegtes Backblech streichen und die Zucchinischeiben vorsichtig drauflegen, je nach Dicke der Scheiben eventuell dachziegelförmig. Nun für 20 Minuten bei 180 °C backen, auskühlen lassen und mit Hilfe eines zweiten Backpapiers wenden. Den Frischkäse mit gepresstem Knoblauch und gehackten Kräutern mischen und auf den Zucchini-Eierkuchen streichen, dünne Schinkenscheiben darauf verteilen und nun alles gemeinsam zu einer Roulade rollen, mit dem Backpapier fest umwickeln und für 1 Stunde kalt stellen. Zum Servieren die Roulade in Stücke schneiden.

Schmeckt ausgezeichnet als Vorspeise zu Salat.

Körperpflege-Pralinen & Blüten-Cheese-Cake

Sorte: Kürbisblüten von einer beliebigen Kürbissorte

Zutaten:

- 1 Handvoll klein geschnittene Kürbisblüten
- 1 TL Lavendelblüten
- 100 ml Mandelöl
- 3 EL Wasser

Vorbereitung:

Für dieses besondere Rezept werden Kürbisblüten, welcher Sorte auch immer, verwendet. Üblicherweise tragen Kürbispflanzen wesentlich mehr männliche Blüten als weibliche. Also vorrangig diese ernten und im besten Fall von unterschiedlichen Pflanzenindividuen. Die Kürbisblüten werden zerkleinert und gemeinsam mit Lavendelblüten in einem Topf, bevorzugt aus hitzebeständigem Glas, mit Mandelöl übergossen und unter ständigem Rühren sanft erwärmt, bis die Masse zu köcheln beginnt. Nach 30 Minuten sanftem Köcheln die Herdplatte ausschalten und das Ölgemisch 1 Stunde ziehen lassen. Danach nochmal erwärmen und abseihen.

Körperpflege-Pralinen

Zutaten:

- 30 g Auszugsöl
- 50 g Kokosfett
- 20 g Bienenwachs

Zubereitung:

Die Öle gemeinsam erwärmen und darin vorsichtig das Bienenwachs schmelzen, eventuell mit ein paar Tropfen ätherischem Öl nach Wahl beduften, in Pralinenformen gießen und erkalten lassen. Nicht über Raumtemperatur lagern, da die Pralinen einen niedrigen Schmelzpunkt haben. Jedoch gerade deshalb sind sie ideal, um sich nach einem Entspannungsbad oder nach der Dusche damit einzucremen.

Blüten-Cheese-Cake

Zutaten:

- 200 g Dinkelmehl
- 60 g Butter
- 2 EL Honig
- 4 EL Wasser
- 1 Prise Salz
- 250 g Topfen
- 250 g Sauerrahm
- 2 EL Honig
- 2 Eier
- 100 g gemahlene Kürbiskerne
- die abgeseihten Kürbisblüten
- 1 EL frische Lavendelblüten
- 1 Handvoll Jostabeeren oder andere Beeren

Zubereitung:

Aus Mehl, Butter, Honig, Wasser und Salz einen Mürbteig bereiten und mit diesem eine Tarteform auskleiden. Die Eier verquirlen und mit Topfen, Sauerrahm, Honig, gemahlenen Kürbiskernen und den abgeseihten Blüten vermengen. Die Topfenmasse auf dem Mürbteigboden verteilen, mit den Beeren und den zerkleinerten Lavendelblüten bestreuen. Den Kuchen im Backrohr bei 160 °C Umluft 30 Minuten backen.

Badepralinen & Kürbis-Arancello-Pralinen

Sorte: Thelma Sanders Sweet Potato oder ein beliebiger Muskatkürbis

Zutaten:

- 1 Kürbis der Sorte Thelma Sanders Sweet Potato
- 200 g Sonnenblumenöl

Vorbereitung:

Der Kürbis wird grob geraspelt und in einem Topf, bevorzugt aus hitzebeständigem Glas, mit so viel Öl übergossen, dass das Fruchtfleisch gerade bedeckt ist. Nun wird das Gemisch unter ständigem Rühren am Herd langsam erwärmt. Unbedingt darauf achten, dass sich nichts am Topfboden anlegt. Dies fällt bei Verwendung eines Glasgefäßes wesentlich leichter. Das Öl-Kürbisgemisch soll nun für ½ Stunde sanft köcheln. Der Kürbis darf auf keinen Fall im Öl frittiert werden. Danach lässt man den Ansatz bei abgeschalteter Herdplatte 1 Stunde stehen, bevor man ihn erneut erwärmt und dann abseiht.

Badepralinen

Zutaten:

- 65 g Natronpulver
- 40 g Zitronensäure
- 35 g Milchpulver
- 35 g Kakaobutter
- 15 g Sheabutter
- 15 g Auszugsöl
- 15 Topfen ätherisches Öl

Zubereitung:

Kakaobutter und Sheabutter in einem Wasserbad schmelzen. In einer Schüssel werden Natron, Zitronensäure und Milchpulver vermischt.

Nun die geschmolzenen Fette und das Auszugsöl unterrühren und das ätherische Öl zugeben. Die Masse in Silikonförmchen oder Eiswürfelformen füllen und für 2 Stunden kühl stellen. Dann entformen und trocken aufbewahren.

Kürbis-Arancello-Pralinen

Zutaten:

- 90 g abgeseihtes Kürbisfleisch
- 6 EL Arancello
- 30 g Butter
- 50 g geriebene Mandeln
- 90 g Butterkekse
- 50 g geriebene Kürbiskerne

Zubereitung:

Das abgeseihte Kürbisfleisch mit Arancello und Butter einmal kurz aufkochen. Butterkekse mit Hilfe eines Cutters zu Bröseln verarbeiten. Die Keksbröseln und die geriebenen Mandeln mit der Kürbismasse vermengen und alles miteinander verkneten. Die Pralinenmasse für 1 Stunde kühl stellen, dann zu Kugeln formen und diese in geriebenen Kürbiskernen wälzen.

Wenn dieses köstliche Konfekt nicht sofort verzehrt wird, unbedingt im Kühlschrank aufbewahren.

Mein Tipp:

Für dieses Rezept können statt Butterkeksen auch Lavendelkekse vom Rezept von Seite 61 verwendet werden.

Körperbutter & Kürbisbrot

Sorte: Patisson

Zutaten:

- 200 g Kürbisfruchtfleisch
- 250 g Olivenöl

Vorbereitung:

Das Kürbisfleisch grob raspeln und in einem Kochtopf (bevorzugt aus hitzebeständigem Glas) mit Öl übergießen, sodass alles gut bedeckt ist. Nun langsam am Herd erwärmen und immer wieder umrühren, damit nichts am Boden anbrennt. Langsam zum Köcheln bringen, dann die Hitze reduzieren und das Ölgemisch ½ Stunde lang mehr ziehen als köcheln lassen. Nun den Herd abschalten und die Masse eventuell noch eine weitere Stunde ziehen lassen. Dann nochmals kurz erwärmen und abseihen.

Körperbutter

Zutaten:

- 50 g Auszugsöl
- 50 g Sheabutter
- 10 Tropfen ätherisches Öl nach Wahl

Zubereitung:

Die Sheabutter bei mäßiger Hitze sanft im Auszugsöl schmelzen. Ätherisches Öl zugeben und das Gemisch für 1–2 Stunden kühl stellen. Dann mit einem Mixer flaumig aufschlagen und in Tiegel abfüllen.

Kürbis-Brot

Zutaten:

- 500 g weißes Mehl (Dinkel oder Weizen)
- 10 g frische Germ
- 5 g Salz
- 2 EL Rohrzucker
- 1 TL Kürbis-Gewürz (siehe S. 88)
- 250 g Kürbisfruchtfleisch
- 1 EL Olivenöl
- abgeseihtes Kürbisfleisch vom Ölauszug
- 150 ml Wasser

Mein Tipp:

Wer möchte, kann den Laib durch Abbinden mit Spagat in eine Kürbisform bringen. Dafür werden 4 Schnüre von ca. 40 cm Länge benötigt. Diese werden um den frisch geformten Brotlaib geschnürt und verknotet, sodass 8 Segmente entstehen. Damit die Schnüre nach dem Backen leicht zu entfernen sind, ist es sinnvoll, sie vorher mit Speiseöl zu benetzen (einfach einmal kurz durch ein Schälchen mit Öl ziehen und gut abstreifen). Als *Kürbisstängel* kann eine Zimtstange verwendet werdet.

Zubereitung:

Das Kürbisfleisch in 1 cm große Würfel schneiden und in 1 EL Olivenöl anbraten, mit 50 ml Wasser aufgießen und halbweich dünsten, dann abgießen. Dabei das Kochwasser auffangen.

Aus Mehl, abgeseihtem Kürbis vom Ölauszug, Kochwasser der Kürbiswürfel, Germ, Zucker, Kürbisgewürz und Salz einen Brotteig kneten. Je nach Festigkeit, eventuell noch 100 ml Wasser zugeben. Die Teigschüssel abdecken und an einem warmen Ort ½ Stunde aufgehen lassen, bis sich das Teigvolumen verdoppelt hat.

Nun werden die Kürbiswürfel von Hand eingeknetet und der Teig darf weitere 30 Minuten gehen. Danach wird der Teig zu einem Laib geformt und im vorgeheizten Backrohr bei 220 °C Umluft für 40 Minuten gebacken.

Deo-Creme & Chouchou-Minz-Muffins

Sorte: Chayote

Mein Tipp:

Diese Rezepte können auch mit Zucchini zubereitet werden.

Zutaten:

- 1 Chouchou (Chayote) (ca. 180 g)
- 3 EL Minze
- 200 g Sonnenblumenöl

Vorbereitung:

Die Chouchou von ihren Stacheln und dem harten Anteil der Schale befreien, dann grob raspeln, gehackte Minze zufügen und in einem Topf, bevorzugt aus hitzebeständigem Glas, mit Sonnenblumenöl übergießen und unter ständigem Rühren sehr langsam am Herd erwärmen. Darauf achten, dass nichts anbrennt und für ½ Stunde sanft köcheln lassen. Dann den Herd abschalten und für 1 Stunde ziehen lassen. Danach nochmals kurz erwärmen und abfiltrieren.

Deo-Creme

Zutaten:

- 50 g Öl-Auszug
- 5 g Bienenwachs
- 25 g Natron
- ½ TL Wasser

Zubereitung:

Das Bienenwachs durch sanftes Erwärmen des Auszugsöls darin schmelzen. Natron zuerst mit der Wassermenge befeuchten und danach in das abgekühlte Ölgemisch einrühren. Nun in Gläschen abfüllen.

Mein Tipp:

Für die Deo-Creme keine stark Karotin- oder Chlorophyll-haltigen Früchte verwenden, damit nichts an die Kleidung abfärben kann. Deshalb ist Chou-Chou optimal, genauso wie Zucchini und andere Kürbisse mit hellem Fruchtfleisch aus der Gruppe der Gartenkürbisse.

Chouchou-Minz-Muffins

Zutaten:

- 2 Tassen Dinkelmehl
- ½ Pkg Backpulver
- 1 TL Kürbis-Gewürz (siehe S. 88)
- ½ Tasse geriebene Kürbiskerne
- 1 Ei
- ½ Tasse Öl
- ¾ Tasse Rohrohrzucker
- 1 Tasse abgeseihtes Fruchtfleisch vom Öl-Auszug
- 1 Tasse Naturjoghurt
- 1 EL gehackte Minze (frisch)

Zubereitung:

Das Mehl mit den geriebenen Kürbiskernen, dem Backpulver und der Gewürzmischung vermengen.

In einer zweiten Schüssel ein Ei mit einer Gabel verquirlen und Öl, Zucker, Joghurt, abgeseihtes Fruchtfleisch und gehackte Minze nach und nach unterrühren.

Nun das Mehlgemisch zufügen und alles gut vermischen, in Muffins-Formen füllen und für 30 Minuten bei 180 °C backen.

Deo-Pralinen mit Apfel und Lavendel & Süßes Pesto

Sorte: Butternuss

Für das folgende Rezeptpärchen wird die Schale eines Butternusskürbisses verwendet. Es ist viel zu schade die Schale dieser Kürbisse wegzuwerfen. Sie ist, so wie die Schale aller anderen Kürbisse, durchaus für die Grüne Kosmetik verwendbar und sogar essbar, nur oft viel härter als der Rest des Kürbisses und gilt deshalb als ungenießbar. Hier ist der Beweis: Wenn die Schale lang genug gegart wird, ist sie butterweich.

Zutaten für den Ölauszug:

- 100 g Schale von einem Butternusskürbis
- 1 kleiner Apfel samt Schale
- 200 g Distelöl
- 1 TL Lavendelblüten, frisch oder getrocknet
- 1 TL Rosmarin, frisch oder getrocknet
- 1 Prise Salz

Vorbereitung:

Die Schale des Butternusskürbisses in möglichst dünne Streifen schneiden und den Apfel grob raspeln. Beides gemeinsam mit Lavendelblüten, Rosmarin und Salz in einem Topf, möglichst aus hitzebeständigem Glas, mit Distelöl übergießen und unter ständigem Rühren langsam erwärmen, bis die Masse zu köcheln beginnt. Darauf achten, dass am Topfboden nichts anbrennt. Eine ½ Stunde köcheln lassen, dann vom Herd nehmen und mindestens 1 Stunde ziehen lassen, danach nochmals erwärmen und abseihen.

Deo-Pralinen mit Apfel und Lavendel

Zutaten:

- 50 g abfiltriertes Auszugsöl aus der Schale des Butternuss
- 20 g Bienenwachs
- 1 EL Natron
- 2 Tropfen ätherisches Lavendelöl

Zubereitung:

Das Bienenwachs im Öl durch sanftes Erwärmen schmelzen, Natron einrühren und das ätherische Öl zugeben. Nun in Silikonförmchen oder Eiswürfelformen gießen und erkalten lassen. Diese Deo-Pralinen können anstatt Deos verwendet werden, indem sie zum Eincremen unter der Achsel angewendet werden. Natron bindet unangenehme Gerüche und das ätherische Öl sorgt für einen dezenten Duft.

Süßes Pesto mit Apfel und Lavendel

Zutaten:

- Rückstand vom Öl-Auszug aus der Schale des Kürbisses: Die Schale ist durch das Zubereiten des Öl-Auszugs cremig weich geworden.
- 4 EL geriebene Kürbiskerne
- 2 EL Distelöl (eventuell vom Auszugs-Öl)
- 1 EL Löwenzahnhonig oder Bienenhonig
- 1 EL Zitronensaft
- 1 TL Lavendelblüten, gemörsert
- 1 Prise Salz

Zubereitung:

Alle Zutaten miteinander vermengen und mit einem Pürierstab pürieren. Beliebige Nudeln kochen und mit diesem süßen Pesto verfeinern.

Lippenbalsam & Pumpkin Pie

Sorte: North Georgia Candy Roaster – Alternativ kann jede Kürbissorte mit orangefarbenem Fruchtfleisch verwendet werden.

Zutaten:

- 200 g Kürbisfruchtfleisch
- 250 g Distelöl

Vorbereitung:

Das Kürbisfruchtfleisch samt Schale grob raspeln und in einem Kochtopf oder einem hitzebeständigen Becherglas mit Öl übergießen. Nun auf einer Herdplatte unter ständigem Rühren langsam erwärmen. Unbedingt darauf achten, dass sich nichts am Topfboden anlegt. Für ca. ½ Stunde sanft köcheln lassen, dann bei ausgeschalteter Platte für 1 Stunde ziehen lassen und danach nochmals kurz erwärmen und abseihen.

Lippenbalsam

Zutaten:

- 20 g Auszugsöl
- 20 g Sheabutter
- 10 g Bienenwachs
- 10 Tropfen ätherisches Öl (zum Beispiel Zitronenmelisse)

Zubereitung:

Das Bienenwachs im Auszugsöl schmelzen. Dann ohne weitere Hitzezufuhr die Sheabutter einrühren, bis die Masse homogen ist. 10 Topfen eines ätherischen Öls nach Wahl zugeben, durchmischen und in Tiegel oder Lippenstifthülsen füllen.

Pumpkin Pie

Mürbteig Zutaten:

- 100 g Dinkelmehl glatt
- 75 g geriebene Kürbiskerne
- 20 g Zucker
- 65 g Butter
- 1 Prise Salz
- 20 g kaltes Wasser

Zubereitung:

Aus den angegebenen Zutaten einen Mürbteig bereiten und diesen für ½ Stunde im Kühlschrank ruhen lassen. Danach wird der Teig ausgewalkt und auf dem Boden einer gefetteten und bemehlten Kuchenform aufgebracht und leicht an den Wänden hochgezogen.

Belag Zutaten:

- 200 g abgeseihtes Kürbisfleisch
- 300 g Frischkäse
- 75 g Zucker
- 1 Ei
- 2 EL Sahne
- ½ TL Kürbis-Gewürz (siehe S. 88)

Zubereitung:

Das Ei mit einer Gabel verquirlen, mit Frischkäse, Sahne und Zucker zu einer homogenen Masse vermengen.

⅓ der Frischkäsemasse mit dem abgeseihten Kürbisfleisch und den Gewürzen mischen. Nun wird auf dem Mürbteig-Boden zuerst die Frischkäsemasse und darüber die Frischkäse-Kürbismasse aufgebracht.

Dieser köstliche Pumpkin Pie wird für 50 Minuten bei 160 °C Umluft gebacken.

Er schmeckt sowohl warm als auch kalt sehr gut.

Augenbalsam & Gefüllte Kürbisse

Sorte: Sweet Dumpling

Zutaten:

- 100 g Fruchtfleisch
- 5 Ringelblumenblüten, frisch geerntet
- 120 g Olivenöl

Vorbereitung:

Von 2 mittelgroßen Exemplaren der Sorte Sweet Dumpling den Deckel abschneiden, Kerne und umliegende Fasern herauslösen und aus jedem Kürbis 50 g Fruchtfleisch für den Ölauszug herausschaben.

Das Kürbisfruchtfleisch in einen Kochtopf, wenn möglich aus hitzebeständigem Glas, füllen, mit Olivenöl übergießen und die abgezupften Blütenblätter der Ringelblumen zugeben. Das Gemisch wird nun bei geringer Hitze langsam am Herd erwärmt, wobei gut darauf geachtet wird, dass nichts am Topfboden anbrennt, indem fleißig umgerührt wird. Wenn die Masse zu köcheln beginnt, wird die Temperatur für ½ Stunde beibehalten. Dann wird der Herd abgeschaltet und man lässt den Topfinhalt für 1 Stunde ziehen. Danach wird das Gemisch nochmals erwärmt und abgeseiht.

Augenbalsam

Zutaten:

- 20 g Ölauszug
- 20 g Sheabutter
- 5 g Bienenwachs
- 2 Tropfen ätherisches Öl nach Wahl

Zubereitung:

Die Sheabutter und das Bienenwachs werden zusammen mit dem Auszugsöl sanft erwärmt, bis Butter und Wachs geschmolzen sind, ätherisches Öl wird zugefügt. Achtung: Nicht jedes ätherische Öl eignet sich, um es auf der empfindlichen Haut rund um die Augen anzuwenden. Bei Überempfindlichkeit besser weglassen.

Der Augenbalsam wird in kleinen Döschen oder Tiegel ausgegossen und nach dem Erkalten verschlossen.

Gefüllte Kürbisse

Zutaten:

- 400 g gemischtes faschiertes Fleisch von Rind und Schwein
- 1 Ei
- 1 Zwiebel
- 2 EL Couscous, trocken
- 1 EL kleine schwarze Oliven ohne Kern
- Kräutersalz
- Pfeffer
- Senf
- Tomatenmark
- 150 g Schafskäse
- abgeseihte Reste vom Kürbis-Ölauszug

Zubereitung:

Das Ei verquirlen und mit Faschiertem, einer gehackten Zwiebel, Oliven, dem abgeseihten Kürbisfleisch und trockenem Couscous vermischen, mit Salz, Pfeffer, Senf und Tomatenmark würzen. Den Schafskäse in Würfel schneiden, 2 EL davon beiseite stellen und den Rest ebenfalls mit der Füllmasse vermengen. Falls diese noch zu feucht ist, noch etwas Couscous zufügen.

Nun werden die beiden ausgehöhlten Kürbisse mit diesem Gemisch gefüllt und die abgeschnittenen Deckel der Kürbisse werden wieder aufgesetzt. Die Kürbisse in einer mit Fett ausgestrichenen Kasserolle 20 Minuten bei 180 °C Umluft backen.

Danach die Deckel der Kürbisse abheben und neben den Kürbissen in die Kasserolle stellen. Den bereitgehaltenen Schafskäse auf der Fülle der beiden Kürbisse verteilen und für weitere 20 Minuten im Rohr überbacken. Vor dem Servieren mit einer Nadelprobe testen, ob die Kürbisse weich und somit gar sind. Falls nicht, für weitere 10–15 Minuten im Backrohr belassen. Dann samt Deckel servieren.

Wenn Sweet Dumplings gut durchgegart sind, ist auch die Schale sehr weich und kann mitgegessen werden.

Sonnencreme & Müsliriegel

Sorte: Mini Red Turban – es eignet sich auch ein Hokkaido sehr gut.

Zutaten:

- 100 g Kürbisfruchtfleisch
- 100 g Kokosfett
- 1 EL Ringelblumenblüten
- ½ TL Salz
- 1 Vanilleschote, ausgekratzt

Vorbereitung:

1–2 Kürbisse der Sorte Mini Red Turban, je nach Größe, halbieren, Kerne mit einem Löffel herauskratzen, das Fruchtfleisch grob raspeln. Kokosfett in einem Topf, bevorzugt aus hitzebeständigem Glas, bei mäßiger Temperatur am Herd schmelzen, das Kürbisfruchtfleisch, die abgezupften Ringelblumenblüten (frisch oder getrocknet), das Mark einer Vanilleschote und Salz zufügen. Die Temperatur langsam unter ständigem Rühren erhöhen, bis die Masse zu köcheln beginnt. Dabei darauf achten, dass das Kürbisfleisch nicht anbrennt, eventuell die Temperatur drosseln. Das Fett ½ Stunde sanft köcheln lassen, aber auf keinen Fall die Bestandteile im Fett frittieren! Dann den Herd abschalten, das Gemisch für 1 Stunde ziehen lassen, dann nochmals leicht erwärmen und abseihen.

Sonnencreme

Zutaten:

- 50 g Auszugs-Öl
- 5 g Bienenwachs
- 1 g Zinkoxid (keine Nanokörnung verwenden!)
- 1 g Titandioxid (keine Nanokörnung verwenden!)

Zubereitung:

Das Bienenwachs im Auszugsöl durch sanftes Erwärmen schmelzen. Etwas abkühlen lassen, dann das Zinkoxid und das Titandioxid einrühren und die fertige Creme in Salbentiegel abfüllen. Diese Sonnencreme hat einen Lichtschutzfaktor von 10.

Der Anteil an Zinkoxid und Titandioxid kann erhöht werden und man erzielt damit einen entsprechend höheren Lichtschutzfaktor. Pro 1 % Zugabe der beiden Substanzen, erhöht sich der natürliche Lichtschutzfaktor des Öls um 2 LSP (Lichtschutzpunkte). Maximal ist die Zugabe von jeweils 5 % möglich. Ohne Zugabe des Zink- und Titandioxids hat die Creme einen natürlichen Lichtschutzfaktor von 6.

Mein Tipp:

Diese Riegel eignen sich als Proviant für eine Wanderung. Das Kürbisfruchtfleisch kann durch einen geriebenen Apfel oder eine Birne ersetzt werden.

Müsli-Proteinriegel

Zutaten:

- 50 g Haselnüsse
- 30 g Sonnenblumenkerne
- 100 g getrocknete Marillen
- 50 g getrocknete Rosinen
- 1 Tasse abgeseihtes Kürbisfruchtfleisch
- 75 g Haferflocken
- je 25 g gemahlene Kürbiskerne, Speisestärke, Hanfprotein
- 1 Prise Salz

Zubereitung:

Haselnüsse, Sonnenblumenkerne, Marillen, Rosinen und das abgeseihte Kürbisfruchtfleisch mit Hilfe eines Cutters zerkleinern. Dann mit den restlichen Zutaten verkneten und auf ein Backblech streichen. 20–25 Minuten bei 180 °C backen und noch warm in Stücke schneiden.

Reinigungspeeling mit Kamille & Kürbispalatschinken

Sorte: Kürbiskerne vom Steirischen Ölkürbis und Kürbispüree eines beliebigen Kürbisses z. B. North Georgia Candy Roaster

Vorbereitung:

Den Kürbis samt Schale in grobe Würfel schneiden und mit wenig Wasser weich kochen. Dann pürieren und nach dem Abkühlen entsprechende Menge für nachfolgende Rezepte entnehmen. Den Rest portionsweise auf Vorrat tieffrieren.

Reinigungspeeling

Zutaten:

- 1 TL Kamillenblüten, getrocknet
- 1 EL Haferflocken
- 1 EL Kürbiskerne

Zubereitung:

Kamillenblüten, Haferflocken und Kürbiskerne gemeinsam in der Kaffeemühle fein mahlen und in einem Glas trocken aufbewahren.

Vor der Verwendung 2 TL des Gemisches mit 1 EL Kürbispüree und eventuell 2 Tropfen Kürbiskernöl verrühren. Das Reinigungspeeling auf Gesicht und Dekolleté mit kreisenden Bewegungen auftragen, kurz einwirken lassen und mit lauwarmem Wasser abwaschen. Dieses Reinigungspeeling entfernt nicht nur alte Hautschüppchen, es pflegt die Haut auch gleichzeitig. Es hinterlässt ein angenehmes Hautgefühl, eincremen ist danach nicht nötig.

Kürbis-Palatschinken

Zutaten:

- 1 Ei
- 125 ml Milch
- 125 ml Kürbispüree (etwa 6 EL)
- 1 Prise Salz
- 1 Prise Kürbis-Gewürz (siehe S. 88)
- 6 EL Mehl

Zubereitung:

Alle Zutaten miteinander verrühren und mit einem Schneebesen so lange aufschlagen, bis keine Mehlklümpchen mehr im Teig sind. Aus diesem Teig in einer geölten Pfanne hintereinander 4 Palatschinken backen.

Zutaten für die Fülle:

- 4 EL Butter
- 2 EL Zucker
- 12 EL geriebene Kürbiskerne
- 4 EL Milch

Zubereitung:

Die Butter in einem Topf schmelzen und den Zucker und die Kürbiskerne darin kurz anrösten, dann mit Milch aufgießen und unter ständigem Rühren köcheln lassen, bis die ganze Flüssigkeit aufgesogen ist.

Die Palatschinken mit dieser Fülle bestreichen, einrollen und anrichten.

Mein Tipp:

Als Deko etwas geschmolzene Schokolade oder, für die Mutigen, echtes Steirisches Kürbiskernöl darüberträufeln. Letzteres ist meine persönliche Empfehlung und harmoniert besonders gut.

Joghurt-Peelingmaske & Bratkürbis mit Salbei und Honig

Sorte: Acorn Talble Gold

Mein Tipp:

Diese Rezepte können mit jeder Sorte von Eichelkürbissen zubereitet werden, aber auch mit dem allseits beliebten Hokkaidokürbis.

Vorbereitung:

- 1–2 Kürbisse der Sorte Acorn Table Gold

1–2 Kürbisspalten werden separat ohne Gewürze für 30 Minuten bei 180 °C gebacken. Diese werden für die Peeling-Maske verwendet. Alle anderen Kürbisspalten werden, wie unten beschrieben, gebraten und zubereitet.

Mein Tipp:

Wer den Peeling-Effekt erhöhen möchte, püriert den Kürbis samt Schale.

Peeling-Maske

Zutaten:

- Kürbisfleisch von 1–2 Spalten Kürbis
- 2 EL Joghurt
- 1 EL Mohn, ganz
- 1 TL Honig
- Eventuell 1 TL Salbei, getrocknet und fein gemörsert

Zubereitung:

Die Kürbisse teilen, ausputzen und in Spalten schneiden.

2 Spalten davon in separater Backform garen für das Peeling. Das Kürbisfleisch dieser beiden Spalten von der Schale schaben und pürieren, dann mit den weiteren Zutaten vermengen und frisch als Peeling-Maske auf Gesicht und Dekolleté mit kreisenden Bewegungen auftragen. Kurz einwirken lassen und danach mit lauwarmem Wasser abspülen. Diese Kürbis-Peeling-Maske hinterlässt ein angenehmes Hautgefühl. Es ist kein Eincremen nötig.

Bratkürbis mit Salbei und Honig

Zutaten:

- 1–2 Kürbisse der Sorte Acorn Table Gold
- 4 EL Butter
- 2 EL Honig
- 2 EL frischer Salbei, fein geschnitten

Zubereitung:

Die Kürbisse teilen, ausputzen und in Spalten schneiden, wie oben beschrieben. Butter schmelzen, mit Honig und fein geschnittenem Salbei mischen, die Kürbisspalten damit bepinseln und in eine Auflaufform schlichten. Salzen und pfeffern und 30 Minuten bei 180 °C im Backrohr braten. Während dieser Zeit 1 Mal wenden.

Mein Tipp:

Ich liebe *Zucca e Mele*, zu deutsch *Kürbis und Apfel*. Ich habe dieses Gericht vor vielen Jahren zum ersten Mal in Venedig gegessen und es bereichert seither regelmäßig meinen Speiseplan. Dabei werden Kürbisspalten mit Gewürzen (bevorzugt frisch gemörserte Koriandersamen und klein gehackter Knoblauch) und reichlich Olivenöl in der Pfanne oder im Rohr gebraten. Wenn sie halb durch sind, werden noch Apfelspalten zugefügt und alles wird fertig gebraten, bis sowohl Kürbis als auch Apfel mürb und weich sind. Salzen und als Beilage zu Fischgerichten, aber auch zu Reis oder Couscous reichen.

Gesichtsmaske & Gebratener Spaghettikürbis mit Parmesan

Sorte: Spaghettikürbis

Vorbereitung:

Einen Spaghettikürbis der Länge nach halbieren und beide Hälften mit der Schnittfläche nach unten auf ein Backblech setzen. Mit ¼ l Wasser den Boden des Blechs bedecken und den Kürbis bei 180 °C für 40 Minuten im Backofen braten. Je nach Größe des Kürbisses kann es auch länger dauern bis dieser gar ist, eventuell Nadelprobe machen.

Gesichtsmaske

Zutaten:

- 1 EL Fruchtfleisch vom gebratenen Kürbis
- 1 rohes Ei
- 1 TL Honig
- 1 EL Topfen

Zubereitung:

Das Fruchtfleisch pürieren, mit dem Ei verquirlen und die weiteren Zutaten unterrühren.

Die Gesichtsmaske auf die gereinigte Haut auftragen und für 15–20 Minuten einwirken lassen. Anschließend mit warmem Wasser abspülen.

Gebratener Spaghettikürbis mit Parmesan

Zutaten:

- 1 Spaghettikürbis
- 100 g Butter
- 2 EL gemischte, frische Kräuter
- 1 Knoblauchzehe
- 1 Zwiebel
- 1 TL Zitronensaft
- 50 g Parmesan
- 1 Prise Kräutersalz

Zubereitung:

Die Kräuter mit einem Wiegemesser zerkleinern, die Zwiebel klein hacken und die Knoblauchzehe auspressen. Die Butter auf Raumtemperatur bringen und mit Kräutern, klein gehackter Zwiebel, Knoblauch und Zitronensaft vermengen und mit Kräutersalz abschmecken.

Wenn der Kürbis, wie oben beschrieben, fertig gebraten ist, die Kerne entfernen (1 EL des Fruchtfleisches für die Gesichtsmaske, siehe oben, entnehmen) und das restliche Fruchtfleisch mit einer Gabel auflockern. Das ergibt wunderbare spaghettiähnliche Fäden. Das Fruchtfleisch im Kürbis belassen und auf den Spaghettifäden die Kräuterbutter verteilen, mit Parmesan bestreuen und noch warm servieren.

Kürbiskern-Peelingmaske & Kürbis-Caffè-Latte

Sorte: Muskat de Provence oder andere Muskatkürbissorte

Vorbereitung:

Zuerst wird aus einer Portion des Kürbisses ein Püree zubereitet, indem man diesen in grobe Stücke teilt, schält, von den Kernen befreit und in wenig Wasser am Herd kocht. Wenn die Kürbisstücke weich sind, werden sie püriert. Nach dem Abkühlen wird die entsprechende Menge für die nachfolgenden Rezepte entnommen. Den Rest am besten portionsweise in Eiswürfelformen tieffrieren.

Kürbiskern-Peelingmaske

Zutaten:

- 2 EL Kürbispüree (frisch zubereitet oder 2 *Kürbis-Eiswürfel* aus dem Tiefkühlfach)
- 1 EL geriebene Kürbiskerne
- 1 TL Honig
- 1 TL Zitronensaft

Zubereitung:

Alle Zutaten miteinander vermengen und frisch zubereitet mit kreisenden Bewegungen auf Gesicht und Hals auftragen, kurz einwirken lassen und danach mit lauwarmem Wasser abwaschen.

Kürbis-Caffè-Latte

Zutaten:

- 2 EL Kürbispüree
- 1 EL Sahne
- 1 Prise Kürbis-Gewürz
- 1 TL Honig
- Milch
- 1 Espresso

Zubereitung:

Kürbispüree, Sahne, Honig und Gewürze gut miteinander vermengen und am Boden von zwei hohen Gläsern verteilen. Milch aufschäumen, behutsam auf die Kürbismasse schichten und nun vorsichtig je einen Espresso langsam am Rand in die Gläser rinnen lassen.

Es sind 4 Schichten entstanden: Ganz unten ist die orange Kürbisschicht, darüber flüssige Milch, dann der Espresso und darüber befindet sich der Milchschaum. Als Deko mit Gewürzpulver oder Kakao bestreuen. In gleicher Weise kann man mit Schwarztee Chai-Latte zubereiten.

Mein Kürbis-Gewürz

Mach deine Kürbis-Gewürzmischung einfach selbst.

Du benötigst 4 verschiedene Gewürze in gemahlener Form:

- je 2 EL Zimt und Nelken
- je 1 EL Kardamom und Ingwer

Zubereitung:

Die Gewürze miteinander vermengen, in ein Schraubglas füllen und bei Bedarf zum Würzen von diversen Kürbis-Speisen verwenden.

Haarmaske & Kürbis-Gnocchi

Sorte: Marina di Chioggia
Alternativ kann auch die Sorte Muscat de Provence verwendet werden.

Vorbereitung:

Den Kürbis ungeschält in grobe Stücke teilen und auf einem Backblech verteilen. Je nach Größe, für 45 bis 90 Minuten bei 180 °C braten, bis das Fruchtfleisch weich ist. Das Kürbisfleisch mit einem Löffel von der Schale schaben.

Haarmaske

Zutaten:

- 120 ml Buttermilch oder Hafermilch
- 1 EL Honig
- 2 EL Kürbisfleisch vom Bratkürbis

Zubereitung:

Das Kürbisfleisch pürieren und mit Honig und Milch verrühren.

Anwendung:

Die Haarmaske gleichmäßig auf Haare und Kopfhaut verteilen, mit einer Duschhaube und einem Handtuch abdecken, damit die Feuchtigkeit gehalten wird.

Nach einer Einwirkzeit von ca. 30 Minuten mit warmem Wasser ausspülen und die Haare mit einem milden Shampoo oder einer Haarseife waschen.

Gnocchi aus Bratkürbis

Zutaten:

- 250 g gebratenes Kürbisfleisch
- 200 g Mehl
- 1 Eigelb
- 1 Prise Salz
- 1 Prise Muskatnuss

Zubereitung:

Die angegebenen Zutaten zu einem Teig verkneten. Sollte dieser zu weich sein, noch mehr Mehl zugeben. Die benötigte Menge an Mehl kann sehr unterschiedlich sein und hängt stark vom Wassergehalt des Kürbisses ab. Deshalb ist es von Vorteil, wenn der Kürbis für dieses Rezept lange gebraten wird, sodass das Kürbisfruchtfleisch eher trocken ist.

Den Teig zu Rollen formen, die etwa 2 cm breit sind. Davon 2 cm große Stücke abschneiden und eventuell mit den Zinken einer Gabel das typische Rillenmuster hineindrücken.

Die Gnocchi in heißem Salzwasser gar ziehen lassen, dann abseihen und mit einer Garnitur nach Wahl servieren.

Mein Tipp:

Frischen Salbei und Knoblauch in Butter oder Olivenöl anrösten und die Gnocchi darin schwenken. Zum Servieren mit geriebenem Parmesan bestreuen.

Kürbis-Vogelbeer-Hautsmoothie & Kürbis-Vogelbeer-Marmelade

Sorte: Pink Jumbo Banana

Mein Tipp:

Diese besondere Kürbissorte gibt es in Demeter-Qualität im gut sortierten Fachhandel als Tiefkühlgemüse zu kaufen.

Hautsmoothie

Zutaten:

- 2 EL Kürbisfleisch, frisch gerieben (wenn tiefgekühlter Kürbis verwendet wird, die aufgetauten Stücke im Ganzen verwenden)
- 1 EL Vogelbeeren, am besten gefroren
- 1 TL Mandelöl
- ½ TL Salz
- 100 ml Wasser

Zubereitung:

Alle Zutaten in ein Marmeladenglas mit Schraubverschluss füllen, verschließen und für 20 bis 30 Sekunden kräftig schütteln. Dann durch ein Sieb abgießen, die Flüssigkeit in ein Sprühfläschchen füllen und frisch zubereitet auf das gereinigte Gesicht, aber auch auf den ganzen Körper als erfrischende Pflege aufsprühen und einmassieren.

Den Hautsmoothie im Kühlschrank aufbewahren und innerhalb 1 Woche verbrauchen.

Kürbis-Vogelbeer-Marmelade

Zutaten:

- 2 Tassen Kürbisfleisch, frisch gerieben
- abgeseihte Reste vom Hautsmoothie
- 1 Tasse Vogelbeeren, gefroren
- Saft von 1 Zitrone
- 1 EL geriebener Ingwer
- Apfelpektin
- Zucker

Zubereitung:

Alle Zutaten außer Pektin und Zucker, aber inklusive der abgeseihten Reste von der Herstellung des Hautsmoothies in einen Kochtopf füllen und so viel Wasser zugeben, dass alles gut bedeckt ist. Nun köcheln lassen, bis alle Zutaten weich sind, dann pürieren und die Menge abmessen. Die entsprechende Menge Pektin (siehe Packungsanleitung) und Zucker nach Geschmack (⅓ bis ½ der Menge) einrühren und weitere 5 Minuten köcheln lassen. Sehr heiß in sterilisierte Marmeladengläser abfüllen und sofort verschließen.

Gurkenmelonen-Hautsmoothie & Gurkenmelonen-Relish

Sorte: Gurkenmelone

Mein Tipp:

Dieses Rezept kann auch mit einer Gurke zubereitet werden

Hautsmoothie

Zutaten:

- 2 EL Gurkenmelone, frisch gerieben
- 1 EL Ingwer, gerieben
- ½ TL Salz
- 1 TL Öl
- 100 ml Wasser

Zubereitung:

Eine reife Gurkenmelone halbieren und von den Kernen befreien, 2 EL davon raspeln und mit den weiteren Zutaten in ein Marmeladenglas mit Schraubverschluss füllen, verschließen und für 20 bis 30 Sekunden kräftig schütteln.

Dann durch ein Sieb abgießen, die Flüssigkeit in ein Sprühfläschchen füllen und auf das gereinigte Gesicht, aber auch am ganzen Körper als erfrischende Pflege aufsprühen und einmassieren.

Den Hautsmoothie im Kühlschrank aufbewahren und innerhalb 1 Woche verbrauchen.

Gurkenmelonen-Relish

Zutaten:

- 1 Gurkenmelone
- abgeseihte Reste vom Hautsmoothie
- 1 EL Öl
- 1 Zwiebel, fein gehackt
- 5 kleine Tomaten, in Würfel geschnitten
- 1 EL Zitronensaft
- Salz und Pfeffer
- Frische Kräuter aus dem Garten: zum Beispiel Estragon, Kapuzinerkresse (Blüten und Blätter) und Basilikum

Zubereitung:

Den verbleibenden Rest der Gurkenmelone eventuell schälen und in kleine Würfel schneiden, auch die Tomaten würfeln. Die Zwiebel hacken, in Öl anrösten und weich dünsten, dann die Tomaten, die Gurkenmelone und die abgeseihten Reste von der Zubereitung des Hautsmoothies zugeben und nur kurz mitdünsten. Nun den Herd ausschalten und in die lauwarme Masse die gehackten Kräuter einrühren und mit Zitronensaft, Salz und Pfeffer abschmecken. Schmeckt am besten, noch lauwarm serviert. Eignet sich besonders gut als Beilage zu Gegrilltem, aber auch, um viele andere Gerichte damit aufzupeppen.

Kürbis-Kernöl-Gesichtsmaske & Kürbis-Ingwer-Smoothie

Sorte: Galeux d'Eysines – Alternativ: ein junger Patissonkürbis

Vorbereitung:

Für die folgenden beiden Rezepte wird der Kürbis roh verwendet. Ca. 200 g Kürbisfruchtfleisch grob zerteilen und im Blender pürieren.

Kürbis-Kernöl-Gesichtsmaske

Zutaten:

- 4 EL vom rohen Kürbispüree
- 1 EL Kernöl
- 1 TL Apfelessig

Zubereitung:

Das Kürbispüree mit Kernöl und Apfelessig vermengen und frisch verwenden.

Anwendung:

Die Gesichtsmaske auf die Haut auftragen und 10–15 Minuten einwirken lassen. Dann mit lauwarmem Wasser abnehmen. Das Kernöl macht die Haut besonders geschmeidig.

Kürbis-Ingwer-Smoothie

Zutaten:

- Das verbleibende Kürbisfleisch im Blender
- 1 haselnussgroßes Stück Ingwer
- Saft von 2 Orangen
- 5 Blätter Zitronenmelisse

Zubereitung:

Ingwer, Orangensaft und Zitronenmelisse zum Kürbisfleisch in den Blender geben und nochmal kurz mixen. Auf zwei Gläser aufteilen und genießen.

Mein Tipp:

Durch Zugabe von ¼ l Joghurt und 1 TL Honig erhält man ein vorzügliches Milchmixgetränk.

Kürbis-Carpaccio mal zwei

Sorte: North Georgia Candy Roaster

Kürbis-Carpaccio von außen

Zutaten:

- ca. 150 g rohes Kürbisfruchtfleisch

Jeder kennt wahrscheinlich die gute alte Gurkenmaske. Dafür werden frische Gurkenscheiben auf die Gesichtshaut aufgelegt und man lässt diese für einige Zeit einwirken.

Dies wirkt kühlend und sehr erfrischend auf die Haut. Anstatt der Gurkenscheiben eignet sich auch feinblättrig geschnittener Kürbis besonders gut für eine Gesichtsmaske. Abgesehen von der ebenfalls kühlenden und erfrischenden Wirkung sind die enthaltenen Carotinoide besonders gut für die Haut und der Duft, den der frisch aufgeschnittene Kürbis verströmt, fördert zusätzlich die Entspannung während der Einwirkzeit.

Es kann jede Kürbissorte dafür verwendet werden. Die Maske mindestens 15 Minuten einwirken lassen und danach die einzelnen Stücke mit kreisenden Bewegungen abnehmen.

Kürbis-Carpaccio von innen

Zutaten:

- 150 g rohes Kürbisfleisch
- 1 Apfel
- 1 Zwiebel
- 1 kleine Fenchelknolle
- 1 roter Spitzpaprika
- 1 EL eingelegte Kapern
- 2 EL Pinienkerne
- Parmesan
- Apfelessig
- Olivenöl

Zubereitung:

Kürbis, Fenchel, Apfel und Zwiebel möglichst dünnblättrig aufschneiden und auf zwei Teller auflegen. Den Paprika in Ringe schneiden und gemeinsam mit Kapern und Pinienkernen auf den Tellern verteilen. Nun mit Apfelessig und Olivenöl beträufeln und mit grob gehobeltem Parmesan anrichten.

Luffa-Badeschwamm & Kleine Häppchen mit Luffa

Sorte: Luffagurke

Luffa-Badeschwamm

Luffagurken können in jungem, unreifem Stadium gegessen werden wie andere Gurken auch. Wenn die Früchte jedoch noch über die Vollreife hinaus auf der Pflanze belassen werden, wird ihre Schale braun und das Innere, das Endocarp, wird schwammartig. Die Gurken können nun leicht geschält werden und es bleibt nur noch der Schwamm übrig. Die Kerne werden herausgeklopft und der Schwamm wird gut mit Wasser gespült. Dieser eignet sich hervorragend als Bade- und Massageschwamm. Weitere Verwendungsmöglichkeiten sind als Spül- und Putzschwamm, aber auch als Seifenablage. Es ist sehr wichtig den Luffaschwamm nach der Verwendung immer gut auszuspülen und zu reinigen und immer trocken aufzubewahren.

Mein Tipp:

Luffaschwämme gibt es in Reformhäusern oder Drogeriemärkten zu kaufen. Du kannst Luffa-Pflanzen aber auch selber ziehen. Ich habe es bereits versucht. Meine Gurken haben es im Freiland in einer Wachstumsperiode jedoch nicht bis zum Schwamm-Stadium geschafft. Aber ich werde es wieder versuchen. Es ist von Vorteil, wenn man ein Gewächshaus hat und dadurch die Zeitspanne von der Aussaat bis zur Ernte verlängern kann. Eine Freundin konnte auf diese Weise ein paar kleine Schwämme ernten und hat mir einen für dieses Buch überlassen.

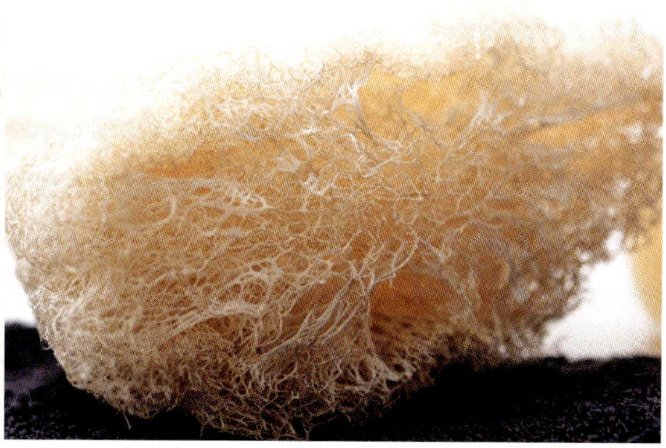

Kleine Häppchen mit Luffa

Zutaten:

- Sauerteigbrot
- Bergkäse
- junge, grüne Luffagurken
- Weintrauben, Minitomaten, Zieräpfelchen

Zubereitung:

Sauerteigbrot, Bergkäse und Luffagurken in ½ cm dicke Scheiben schneiden. Brotscheiben und Käse stapeln und in Quadrate schneiden oder in einer beliebigen Form ausstechen. Auf jeden Stapel eine Gurkenscheibe und eine Tomate oder Weintraube setzen und mit einem Zahnstocher fixieren. Lass deiner Fantasie freien Lauf und kreiere bunte Türmchen mit allerlei Zutaten, die du als Horsd'oeuvre servieren kannst.

Haarspülung & Kürbisessig

Sorte: Bischofsmütze

Apfelessig

Vorbereitung:

Den Kürbis halbieren, Kerne samt umliegender Fasern herauslösen, eventuell schälen und das Fruchtfleisch der Kappe der *Bischofsmütze* in kleine Würfel schneiden. Diese in ein Schraubglas füllen und mit Apfelessig übergießen, sodass alle Stücke bedeckt sind. Das Schraubglas verschließen und 1 Woche ziehen lassen und dann abseihen.

Kürbis-Essig

Dieser Kürbis-Essigauszug eignet sich auch vorzüglich zum Anmachen von unterschiedlichen Salaten. Darüber hinaus kann das abgeseihte Kürbisfleisch püriert und portionsweise in Eiswürfelformen tiefgefroren werden. Diese kleinen Portionen können zur Herstellung von Marinaden oder zum Ansäuern diverser Suppen und Eintöpfe verwendet werden.

Haarspülung

Zutaten:

- Kürbis-Essigauszug
- Wasser

Zubereitung:

Der Essigauszug wird im Verhältnis 1:10 mit Wasser verdünnt. Nach der Haarwäsche, speziell wenn diese mittels Haarseife erfolgt, werden die Haare mit dieser Lösung gespült. Diese Haarspülung wird in den Haaren belassen, also nicht ausgespült. Der Essig neutralisiert den basischen pH-Wert der Seife und die Haare werden dadurch leichter kämmbar. Zusätzlich dient die Essiglösung als sanfter Haarfestiger.

After-Sun-Gel & Kürbis-Mousse

Sorte: Cushaw Green Striped

Kürbis-Tinktur

Zutaten:

- 200 g Kürbisfleisch
- ¼ l Wodka

Vorbereitung:

Ein entsprechend großes Stück Kürbis von einem Cushaw Green Striped schälen und in kleine Würfel schneiden. Diese in ein Schraubglas füllen, mit Wodka übergießen und mindestens eine Woche, besser mehrere Wochen ziehen lassen. Dann abseihen.

After Sun Gel

Zutaten:

- 4 TL Tinktur
- ¼ Espressolöffel Xanthan
- 8 EL Lavendel- oder Melissen-Hydrolat oder destilliertes Wasser
- 2 TL eines Auszugsöls von einem anderen Rezept
- 5 Tropfen ätherisches Öl z. B. Lavendel, Orangenblüten oder Melisse

Zubereitung:

Xanthan in die Tinktur einrühren. Alle anderen Zutaten mischen und dann das Xanthangemisch unter ständigem Rühren zugeben. Einige Zeit quellen lassen und nochmals gut durchrühren. Eventuell nochmal quellen lassen und abermals gut durchrühren, bis ein homogenes Gel entstanden ist.

Dieses Gel nach dem Sonnenbad auf die strapazierte Haut auftragen.

Mein Tipp:

Wer kein Hydrolat zur Hand hat, kann auch einen Lavendel- oder Melissentee mit destilliertem Wasser zubereiten und diesen nach dem Abkühlen im Rezept verwenden.

Kürbismousse

Zutaten:

- 200 g abgeseihtes Kürbisfleisch von der Tinktur
- 5 EL Apfelsaft
- 3 EL Butter
- 3 EL Rohrzucker
- 1 TL Kürbis-Gewürz (siehe S. 88)
- 1½ Blatt Gelatine oder 2 TL Agar-Agar oder entsprechende Menge Xanthan
- 150 ml Buttermilch

Zubereitung:

Apfelsaft, Butter, Zucker und Gewürze in einem Topf erwärmen, Kürbisstücke zugeben und mit geschlossenem Deckel weich dünsten, gelegentlich umrühren. Wenn der Kürbis weich ist, die Masse fein pürieren. Die Gelatine nach Packungsanleitung einweichen, ausdrücken und in die warme Kürbismasse einrühren. Etwas abkühlen lassen und dann die Buttermilch einrühren. In Förmchen füllen und 5–6 Stunden kühlen, bevor diese gestürzt und das Mousse angerichtet wird.

Kleines Extra-Rezept

Kürbiskompott

Da dieses Kürbisgericht in meinem gesamten Umfeld, nicht nur in meiner Familie, zum absoluten Favoriten avanciert ist, bekommt es als kleines Extra einen Platz in diesem Buch.

Zutaten:

- 2 kg Kürbis (geputzt), bevorzugt einer Muskatkürbissorte
- ¼ l Apfelsaft
- ¼ l Apfelessig
- ½ kg Zucker
- 3 unbehandelte Zitronen
- 10 Gewürznelken
- 1 Stange Zimt
- 2 unbehandelte Orangen

Zubereitung:

Das Kürbisfleisch in 2 cm große Würfel schneiden. Zitronen waschen, abreiben und auspressen, gemeinsam mit Apfelsaft, Essig, Zucker und Gewürzen in einen Topf geben und aufkochen. Die Orangen waschen, dünn abschälen und die Schale in feine Streifen schneiden. Schale und Saft der Orangen zum Sud geben. Nun die Kürbiswürfel zufügen und köcheln lassen, bis diese weich, jedoch noch bissfest sind. Dies variiert sehr stark, je nach verwendeter Kürbissorte. Dieses Kompott kann zum Kürbismousse gereicht werden, schmeckt aber auch solo besonders gut.

Mein Tipp:

Für ein Dessert mit Kick gib 1 EL Kürbiskompott in ein Glas Rotwein und genieße!

Haarshampoo & Engelshaarmarmelade

Sorte: Feigenblattkürbis

- 1 mittelgroßer Feigenblattkürbis

Vorbereitung:

Die Schale dieses Kürbisses ist sehr hart, darum ist es von Vorteil, ihn in einem passend großen Topf, im Ganzen zu garen. Dazu wird der Kürbis im Topf mit Wasser bedeckt und für mindestens 1 Stunde gekocht. Nach dem Kochen gießt man das Wasser ab und lässt den Kürbis, dessen Schale nun ganz weich geworden ist, abkühlen. Nun wird der Kürbis aufgeschnitten. Im Inneren befinden sich fadenähnliche Fasern, Kerne und Flüssigkeit, die während des Kochvorganges vom Fruchtfleisch freigesetzt wurde. Die Fruchtfleischfasern werden nun mit einer Gabel herausgelöst, die dazwischenliegenden Kerne mit den Fingern entfernt und die Flüssigkeit wird aufgefangen, indem man das Fruchtfleisch in einem Sieb abtropfen lasst.

Haarshampoo

Zutaten:

- aufgefangene Flüssigkeit aus dem Feigenblattkürbis
- neutrale Bio-Flüssigseife
- ätherisches Öl nach Wahl

Zubereitung:

Das Kürbisfruchtfleischwasser wird zu gleichen Teilen mit Flüssigseife gemischt und ein paar Tropfen ätherisches Öl nach Wahl werden zugegeben.

Mein Tipp:

Wer keinen Feigenblattkürbis zur Hand hat, kann statt der Flüssigkeit aus dem Feigenblattkürbis auch Kürbispüree eines beliebigen Kürbisses verwenden.

Engelshaarmarmelade

Zutaten:

- 1 kg Fruchtfleischfasern aus dem gekochten Feigenblattkürbis
- 600 g weißer Zucker
- 1 Bio-Zitrone, Saft und Schale
- 1 Bio-Orange, Saft und Schale
- 1 Zimtstange

Engelshaarmarmelade ist eine katalanische Spezialität und heißt auf katalanisch *Cabell d'angel*. Mit ihr werden auf Mallorca und Ibiza traditionelle Hefeschnecken, die Ensaimadas, gefüllt.

Zubereitung:

Die Fruchtfleischfasern in einen Kochtopf geben, Zucker und Zitronenschale und -saft sowie Orangenschale und -saft zufügen und das Gemisch gut durchrühren. Die Zimtstange zugeben und alles zusammen ohne Deckel für 1 Stunde kochen. Dabei häufig umrühren, damit die Engelshaarmarmelade nicht anbrennt. Am Ende der Kochzeit ist die Flüssigkeit verdunstet und das Engelshaar, welches wie karamellisiert aussieht, kann in Gläser abgefüllt werden.

Entweder im Kühlschrank aufbewahren oder die Marmeladengläser noch für 20 Minuten im Wasserbad sterilisieren.

KräuTina´s Kürbis-Seife

Dir ist bei der Herstellung diverser Rezepte aus diesem Buch Kürbis-Auszugsöl übrig geblieben? Kein Problem! Du kannst diese Öle verseifen und erhältst nicht nur besonders hautpflegende, sondern auch wunderschöne, durch die enthaltenen Carotinoide orangefarbene Seifenstücke. Ganz ohne künstliche Farbstoffe.

Dieses Rezept richtet sich an Personen mit Erfahrung im Seifensieden. All jene, die sich das erste Mal daran wagen, sollten sich mit entsprechender Literatur eingehend beschäftigen oder einen Seifensiede-Workshop besuchen.

Grundlagen der Kaltverseifung:

Wenn Fette und Öle mit Natronlauge, bestehend aus Ätznatron (NaOH) und Wasser, gemischt werden, verbinden sich die Fettsäuremoleküle mit Laugenmolekülen im sogenannten Verseifungsprozess. Bei diesem Vorgang bleibt Glycerin übrig, wodurch handgesiedete Seifen besonders hautpflegende Eigenschaften aufweisen. Jedes Öl oder Fett benötigt eine bestimmte Menge an Ätznatron, damit es vollständig verseift wird. Mit Hilfe der jeweiligen Verseifungszahl muss vorab die genaue Menge berechnet werden.

Verseifungszahlen der Fette und Öle, die in nachfolgendem Rezept Verwendung finden:

- Distelöl: 0,1355
- Kokosfett: 0,1830
- Olivenöl: 0,1345
- Rapsöl: 0,1354
- Sonnenblumenöl: 0,1350

Berechnung der erforderlichen Menge an NaOH:

Die gewünschte Menge des Öls wird mit der entsprechenden Verseifungszahl multipliziert. Das ergibt die erforderliche Menge an NaOH, um das Öl vollständig zu verseifen.

Als Beispiel:
500 g Kokosöl x 0,183 = 91,5 g NaOH

Wenn in einer Seife die enthaltenen Fette und Öle vollständig verseift werden, ist diese *scharf* auf der Haut. Deshalb ist es von Vorteil, wenn man hausgemachte Seifen 3–8 % überfettet, wodurch sie rückfettend und hautpflegend wirken. Um das zu erreichen, wird die errechnete Menge an NaOH um eben 3–8 % reduziert.

Nun zu „meinem persönlichen“ Kürbisseifenrezept

Sicherheitsmaßnahmen beim Seifensieden:

Zuallererst muss für einen sicheren Arbeitsplatz gesorgt werden, indem die Arbeitsfläche mit einer Folie oder einem alten Plastiktischtuch abgedeckt wird.

Ebenso gehören Schutzbrille und Handschuhe zum sicheren Arbeiten.

Der Raum soll gut belüftet sein und Kinder und Haustiere sollen der Seifenküche fernbleiben.

Als Erste-Hilfe-Mittel sollte eine Flasche Essig bereitstehen, um ungewollte Laugenspritzer zu neutralisieren.

Zutaten:

- 500 g Kokosfett
- 250 g Sonnenblumenöl (Reste von Auszugsölen)
- 250 g Rapsöl (Reste von Auszugsölen)
- 2 EL Kernöl
- 146 g NaOH
- 345 g Wasser
- 10 Tropfen ätherisches Öl, z. B. Wacholderöl

Mein Tipp:

Die Hälfte des Wassers ersetze ich durch tiefgefrorenes Kürbispüree. Dadurch erhält die Kürbisseife eine noch intensivere gelb-orange Farbe.

Anleitung:

Die berechnete Menge NaOH vorsichtig in einem Plastikgefäß abwiegen und dafür sorgen, dass der Raum, in dem gearbeitet wird, gut belüftet ist. Nun das Ätznatron unter ständigem Rühren LANGSAM und VORSICHTIG, am besten portionsweise, in die entsprechende Flüssigkeit (Wasser plus Kürbispüree) einrieseln lassen. Beim Lösen des Ätznatrons entsteht sehr viel Wärme und giftige Dämpfe werden frei. Deshalb ist es wichtig, dass die verwendete Flüssigkeit möglichst kalt ist. Dämpfe nicht einatmen, Gesicht abwenden!

Kokosfett und Öle abwiegen und in einem großen Topf mischen und am Herd langsam erwärmen, bis das Fett geschmolzen ist. Wenn die Lauge abgekühlt und das Fett-Ölgemisch flüssig ist, die Temperatur beider Flüssigkeiten mittels Thermometer überprüfen. Diese sollte zwischen 38–50 °C betragen.

Nun wird die Lauge vorsichtig in die Fettmischung geleert und alles gut miteinander verrührt. Durch die Verwendung eines Stabmixers wird der Verseifungsprozess schneller in Gang gesetzt. So lange mixen, bis die Masse wie frisch gekochter Vanillepudding aussieht. Eine kleine Menge auf die Oberfläche rinnen lassen. Zerfließt das dabei entstehende Muster nicht sofort wieder, hat die Seife angedickt – sie *zeichnet*. Das ist der richtige Zeitpunkt, um Düfte zuzugeben. Nachdem der gewünschte Duft eingerührt wurde, wird ⅔ des Seifenleims in eine vorbereitete Seifen-Blockform gegossen. In das verbleibende ⅓ wird das Kernöl eingerührt und färbt die Masse grün. Mit dieser wird die gelbe Seifenmasse überschichtet. Wer möchte, kann zwischen den beiden Schichten geriebene Kürbiskerne aufstreuen. Dies erzeugt nicht nur eine besondere Optik, sondern sorgt bei der späteren Verwendung der Seife für einen Peeling-Effekt.

Die Seifenform wird abgedeckt, in alte Decken oder Handtücher gewickelt und für 48 Stunden *schlafen gelegt*. Sie ruht nun für diese Zeit an einem nicht zu kühlen Ort. Dann kann sie entformt und aufgeschnitten werden.

Die Seifenstücke werden an einem luftigen Ort für 4 bis 6 Wochen zum Reifen aufgestellt. In dieser Zeit vervollständigt sich der Verseifungsprozess und die Seife wird milder und der pH-Wert sinkt. Wer die Seife zu früh probiert, riskiert gereizte Haut! Wer warten kann, wird mit einer angenehm milden Seife belohnt.

Danksagung

Ein herzliches Danke an alle, die mich bei der Entstehung dieses Buches unterstützt haben.

Allen voran danke ich meinem Mann Christian, der das zeitweise Kürbis-Chaos in Küche und Garten nicht nur geduldig ertragen hat, sondern mich auch tatkräftig, vor allem fototechnisch sehr unterstützt hat.

Meinem Sohn Armin danke ich für die konstruktiven Gespräche bezüglich Aufbaus und Inhalt des Buches, sowie für seine Hilfe bei Fragen bezüglich diverser Software-Programme. Und ganz besonders danke ich ihm für die großartige Umsetzung des Videos.

Meinem Vater danke ich, dass er mit mir für dieses Buchprojekt einen stillgelegten Acker wieder zum Leben erweckt hat, um darauf 20 außergewöhnliche Kürbissorten zu kultivieren, die in meinem Garten nicht Platz gehabt hätten.

Bei meinen Kolleginnen, Freundinnen und Familienmitgliedern möchte ich mich bedanken, dass sie sich als Tester der Kürbis-Kosmetik zur Verfügung gestellt haben und mit Freude meine *Resteküche* verkostet haben. Dieser Dank geht vor allem an: Evelyn, Karin, Magdalena, Katrin, Anja, Michaela, Rosemarie, Sabrina, Armin und Christian.

Ganz besonders danke ich Mutter Natur, die mich immer wieder von Neuem staunen lässt. Es fasziniert mich immer wieder, wie aus einem Samenkorn innerhalb einer Wachstumsperiode eine Pflanze mit all ihren Früchten heranwächst.

Selbst als ein massiver Hagelsturm während dieses Projektes, Ende Juli, den Kürbisacker heimgesucht hatte und alle Pflanzen zerstört hatte, blieben dazwischen einige Kürbisse liegen, die dem Hagelsturm getrotzt hatten. Sie hatten einige Hageleinschusslöcher und konnten von den Mutterpflanzen nicht mehr versorgt werden. So beschloss ich, sie notzuernten und legte sie auf meine sonnige Terrasse zum Nachreifen. Die Verletzungen, die durch den Hagel entstanden waren, vernarbten und die Kürbisse konnten noch voll ausreifen und in meinen Produkten Verwendung finden. Danke an Mutter Natur!

Ein besonderer Dank gilt meiner Kräuter- und Kürbis-Freundin Andrea, auf deren Acker am Frötscherhof sich meine zweite Kürbis-Außenstelle befand, die vom Hagel verschont blieb.

Danke an den Freya Verlag, insbesondere Herrn Wolf Ruzicka und Frau Mag. Dorothea Forster für das Lektorat und Frau Raml-Moldovan für das schöne Layout.

Literatur

Bühring, Ursel / Bächle-Helde, Bernadette: Heilkraft von Obst und Gemüse. Ulmer, 2017

Deiss, Caroline: Die Magie der Wildkräuter. Eine Kräuterwanderung durch das ganze Jahr. Christian Verlag GmbH, München 2018

Entinger, Adelheid: Kräuterkekse und andere süße Sachen aus Wildkräutern. Freya 2015

Fischer-Rizzi, Susanne: Das große Buch der Pflanzenwässer. Pflegen, heilen, gesund bleiben mit Hydrolaten. AT Verlag Aarau, München 2014

Freyberger, Barbara: Naturseife selber machen: Reine Pflege aus ätherischen Ölen und Kräutern. Christian, 2017

Gerber, Stephanie: Hello Glow: Über 150 einfache und natürliche Rezepte für Haare, Gesicht und Körper. Mvgverlag, 2017

Hager, Irene / Hönigschmid, Alice / Schönwege, Astrid: Die Kraft der Kräuter nutzen. 350 Rezepte und Tipps für Wohlbefinden, Schönheit, Küche, Haus und Garten. Löwenzahn Verlag 2016

Hirsch, Siegrid: Kräuter-Rezeptbuch. Hausmittel, Salben, Säfte, Marmeladen, Kräuterwein, Liköre, Essig, Öl. Freya Verlag 2016

Hirsch, Siegrid / Grünberger, Felix: Die Kräuter in meinem Garten. Freya Verlag 2018

Hoflacher, Barbara: Du darfst auf meine Haut: Naturkosmetik selber machen. Löwenzahn, 2019

Kasper, Claudia: Naturseife das reine Vergnügen: Die Herstellung feiner Pflanzenseife in der eigenen Küche. Freya, 2014

Kleindienst-John, Ingrid: Hydrolate. Sanfte Heilkräfte aus Pflanzenwasser. Freya Verlag 2014

Lins, Iris Therese: Vom Garten auf die Haut: Nachhaltige Pflegeprodukte aus Lebensmitteln. Freya 2019

Look, Walburga: Alles über Kürbis: Rezepte Sorten Anbau Tradition. Landwirtschaftsverlag, 2015

Nedoma, Gabriela: Grüne Kosmetik: Biopflege aus Küche und Garten. Freya 2014

Nedoma, Gabriela: Knospen und die lebendigen Kräfte der Bäume, Freya Verlag 2014

Pahlow Mannfried: Das große Buch der Heilpflanzen, Gesund durch die Heilkraft der Natur, Nikol, 2017

Seidl, Erika: Lust auf Kürbis: Ein genussreicher Streifzug durch die Welt der Kürbisse. Eigenverlag Erika Seidl, 2010

Selber machen statt kaufen – Haut und Haar. Smarticular Verlag 2018

Tragner, Eva: Leben mit Kräutern. Eigenverlag Eva Tragner, 2019

Tragner, Eva: Meine grüne Hausapotheke: Kräuterrezepte einfach selbst gemacht. Leopold Stocker Verlag, 2020

Veit, Myriam: Heilkosmetik aus der Natur. Pflegende Salben, Öle und Essenzen selber machen. Franckh-Kosmos Verlag 2016

Walz, Anna: Kürbis: Unser Lieblingsgemüse. Fackelträger, 2016

Seminarunterlagen

Lehrinhalt LFI Zert. Kräuterpädagogik-Ausbildung

Nedoma, Gabriela: Lehrinhalt, LFI Zert. Grüne Kosmetikpädagogik

Lehrinhalt Saatgutlehrgang von Arche Noah

Online-Quellen

www.steirerkraft.com: 8.7.2021
www.i-med.ac.at: 30.12.2021
www.kuerbiskernoel.cc: 8.7.2021
www.deaflora.de: 19.2.2021
www.samenhaus.de : 19.2.2021

Bezugsquellen

Bellaflora Gartencenter: Einkauf sowohl von Saatgut als auch von Jungpflanzen

www.steirerkraft.com – Einkauf von Steirischem Kürbiskernöl g.g.A., Kürbiskernen und anderen steirischen Schmankerln: vor Ort in der Kernothek oder über den Online-Shop

www.deaflora.de – Aromagärtnerei: Online-Shop für Spezialsaatgut

www.samenhaus.de – Online-Shop für Spezialsaatgut

www.reinsaat.at – Österreichischer Bio-Saatguterzeuger mit Online-Shop

www.shop.arche-noah.at – Saatgut und Pflanzen in Bioqualität

www.die-ruehrwerkstatt.at – Online-Shop für kosmetische Rohstoffe und Zubehör und Fachgeschäft in Feldkirchen bei Graz

www.kraeuterundgeist.at – Online-Shop für kosmetische Rohstoffe und Zubehör und Fachgeschäft in Peuerach

www.korbmanufaktur.at – In Walter Friedls Kursen kann man lernen, wie man aus Gräsern und Kräutern bunte Körbe selbst herstellt.

freya BUCHTIPPS

Inés Hermann

Grüne Seifen

Weiche Naturseifen selbst gemacht

Die Herstellung von Seifen ist für die einen ein Hobby, für eine immer größere Community aber bereits Teil der Lebensführung. Rezepte für weiche Seifen sind allerdings noch relativ unbekannt.

Mit zahlreichen Rezepten und neuen Ideen für Haushalt, Haarpflege, sanfte Körper- und Gesichtsreinigung, Rasur und Zahnpflege. Auch Anfänger können umweltfreundliche, unverpackte Produkte ohne fragwürdige Inhaltsstoffe sieden.

ISBN 978-3-99025-505-6

Manuel Angerer

Wie uns die Natur den Weg weist

Permakultur verstehen und anwenden

Im Mittelpunkt steht die Gestaltung von Gärten nach dem Permakulturprinzip mit praktischen Tipps für ein harmonisches Gärtnern im Einklang mit der Natur.

Die Muster und Ausdrucksformen des Lebens, die Entstehung von stabilen Ökosystemen und deren Verbindungen mit dem Wasser und dem Leben im Boden werden erklärt. In vielen Facetten vermittelt der Autor die faszinierenden Vorgänge in der Natur für ein grundlegendes Verständnis und Gespür für die Funktionsweisen des Lebens auf der Erde, um Lösungen selbst in die Hand zu nehmen.

ISBN 978-3-99025-441-7

Fotonachweise: © Adobe Stock COVER: Studio Barcelona // KERN: svetlanais (Papierhintergrund Rezepte) / emuck (Kakaobutter) S. 11 / Swapan (Distelblüten) S. 11 / margo555 (Mandeln) S. 12 / luisapuccini (Shea) S. 12 / pisut (Sonnenblumenkerne) S. 12 / mates (Oliven) S. 12 / areif (Kürbiskerne) S. 57 / airborne77 (Meersalz) S. 63 / Valentina R. (Kräuter) S. 86 / Melastmohican (Pink Jumbo Banana) S. 91 /womue (Vogelbeere) S. 91